Career Design

未来を拓く
キャリア・
デザイン講座

山﨑京子 + 平林正樹 [著]
Yamazaki Kyoko　Hirabayashi Masaki

中央経済社

はじめに

　本書を手にしてくださった方々に，とても大切なメッセージがあります。
　それは，日本社会における「これまで」と「これから」のキャリア形成（仕事や生活の経験の積み重ねによってつくられる職業や人生のあり方）は大きく変化する，ということです。

　「これまで」はどのようにキャリアを築いていたのでしょうか？　日本の企業では，大学を卒業したばかりの若者を大量に一括して採用し，新入社員教育を行い，配属先を伝え，定期的な異動によって組織内での様々な経験を積ませて，昇進・昇格させ，定年退職まで生活を保障する，という人事の特徴があります。そこでは，会社の辞令に従った異動先部門での経験の蓄積によって，1つの企業内における安定した（パターン化された）キャリアが形成されてきました。
　こうした働き方は男性社員に多いのですが，女性社員の場合は出産，育児を機に家庭に入り会社に戻ることはない，というケースが多かったでしょう。このように「これまで」のキャリア形成は「就職」というより「就社」を意味していました。
　でも，みなさんの周囲を見渡してみてください。転職をした先輩はいませんか？女性も子育てと仕事の両立をしている人が増えましたよね？　通年採用や外国人の採用も増えましたし，正社員だけではなく，派遣や委託契約のような労働形態もあります。プライベートの時間で行う副業を認める会社も増えました。就業後に資格取得の勉強や大学院に通学し，そこで得た専門性を武器にして新たなキャリアに踏み出そうとする人もいます。

　そう，現代において変化はすでに起きているのです。グローバル化や技術革新といった環境変化が，働く人たちのキャリア意識に影響を及ぼし，「就社」以外の選択肢を増やしているのです。
　それでは，「これから」はどのように変化するでしょうか？　まず，人工知能による仕事の代替化が挙げられます。これまで人間が行ってきた仕事がロボットに「奪われる」といわれるようになりました。その代わりに，今はまだ誰も知らない新たな仕事が「生まれる」とも予測されています。
　次に，寿命が世界的に伸びている，という事実があります。ロンドンビジネスス

クール教授のリンダ・グラットン氏が著書『LIFE SHIFT（ライフ・シフト）』で「人生100年時代」と表現しているように，100歳の寿命を前提にしたキャリアをデザインする必要性が認識されてきました。

　さらに，政治や経済の変化スピードも速まっているので，「これまで」と同じ「これから」が約束されているわけではなく，不透明で不確実な未来が私たちを待っているのです。

　このようなことを聞くと将来を不安に思うかもしれませんが，若者のみなさんにとっては自由にキャリアをデザインできるようになった，と捉えることもできるのです。既定の路線に乗せられ一律に運ばれていくのではなく，一人ひとりが自分の意思で自分に合った路線を選んだり，創造したりすることができるのです。

　ただし，それは安定した平地を歩くのと，不安定な波乗りをするくらいの違いがあります。不安定な波の上で安定して立っているためには，体幹を鍛える必要があります。それが，キャリア・デザインの今日的な意味になるのです。これからの時代のキャリア・デザインは，自分が何者で，どこを目指し，何のために，どのように生きていくのか，という自分自身のコアを確立していくプロセスに他なりません。そして，未来に翻弄されるのではなく，未来を拓く力を養うことが，筆者達が描くキャリア・デザインなのです。若い世代のみなさんが，これからの時代を創るのです。

　本書が対象としている第一の読者は，大学生，専門学校生です。大学のキャリア・デザイン講義用テキストとして本書を執筆しており，授業でのグループ学習によって気づきや学びが深まるような構成にしていますが，ワークブック形式ですので独学でも可能です。大学や専門学校でキャリア・デザインを指導される先生方にもご参考頂ければ幸いです。

　第二の読者は，今後のキャリア形成に迷いを感じ始めた社会人の方です。社会に出てからのほうがキャリアの葛藤を実感するものです。ご自身の就職活動を振り返りながら本書をお読みいただければ思います。また，新入社員教育やフォローアップ教育をされる人事部研修担当者のご参考にもなるかもしれません。

　そして最後の読者は，諸外国の若者です。大学にキャリア・デザインという授業がなく，大学卒業後に「仕事＝収入」のために若者が仕事を転々と変わる国々の状況を筆者はみてきました。仕事の意味や価値を見直す機会として，こうした国々の方が本書を手にして下さればと願っています。

本書の特徴は，4点あります。

1. 大学生の発達軸を3つのステージに分けており，各節の★印によって，そのテーマがどの学年に対応するかがわかるようになっています。

   ★は1年生対象です。高校生から大学生になって生活が大きく変化する中で，大学生活を充実させることがキャリア形成に重要であることを学んでもらいます。

   ★★は2～3年生対象です。社会との関わりの中で自分の役割を認識することでキャリア意識が発達する時期です。

   ★★★は3～4年生対象です。会社側の機能や動きを理解することで学生と社会人の橋渡しをしていきます。

2. グループ・ディスカッションのスキルを第6章で解説しています。社会に出ると会議の連続となります。参加者の意見を引き出しながら議論を整理していく力は，これからの時代のキャリア形成にとって重要なスキルとなります。

3. グループによるアクティビティを第7章で数多く紹介しています。経験学習の手法を取り入れ，アクティビティ後の内省によって理解を深めていくものです。授業や仲間同士でぜひとりくんでみてください。

4. キャリアに関する理論を第8章で紹介しています。自分ではうまく言葉で説明できない事象を代弁し，自身の感情や考えを整理する枠組みを提供してくれるのが理論です。キャリアの理論は自分に置き換えて理解すると親しみやすいので，気軽に理論に触れてください。

最後に，本書の企画・刊行にあたり，株式会社中央経済社学術書編集部副編集長の市田由紀子様に多大なお力添えを頂いたことへのお礼を申し上げます。これからの時代のキャリア・デザインの基本コンセプトについて筆者達の考えを深くご理解下さり，また大学での講義も実際にオブザーブされ，本書のメッセージを読者にお伝えするうえでの専門的アドバイスを数多くして下さいました。ここに記して謝意を表します。

2018年5月

筆者を代表して
山﨑 京子

▶目　次◀

第1章　キャリアとは —————————————— 1

1　「キャリア」とは何か ………………………………………………… 1
キャリアの意味・1
キャリアの語源・2
既存研究におけるキャリアの定義・特徴・2
キャリアに内包される共通概念・3

2　「外的キャリア」と「内的キャリア」………………………………… 4
外的キャリア・4
内的キャリア・4
　エクササイズ❶　次の寓話を読んで，内的キャリアを考えよう・5

3　ライフライン・チャート ……………………………………………… 7
ライフライン・チャート・8
　エクササイズ❷　自分のライフライン・チャートを俯瞰してみよう・10
　エクササイズ❸　隣の人とライフライン・チャートを見せあおう・10
　エクササイズ❹　隣の人と話してみて，気づきをまとめよう・11

第2章　自己理解 —————————————————— 13
　　　　　——内的キャリアへのアプローチ

1　自分の知らない自分に出会おう
　　　——ジョハリの窓と肯定的フィードバック ……………………… 14
　エクササイズ❶　ジョハリの窓を記入しよう・16
　　あなたへの質問
　エクササイズ❷　自己開示してフィードバックをもらおう・17
　　あなたへの質問

2 自立したキャリアを創る大学生活のイメージを描いてみよう……… 18
―― マインドマップ

　エクササイズ❸　マインドマップを描こう・19
　あなたへの質問

**3 キャリアの大海原で漂流しそうになったら自分の碇(いかり)を
意識してみよう**――キャリア・アンカー………………………………… 21

　エクササイズ❹　キャリア・アンカーに気づいてみよう・24
　あなたへの質問

4 自分と他者との違いを行動特性から分析してみよう――DISC ……… 26

　エクササイズ❺　異なるDISCの人との相互理解を深めよう・28
　あなたへの質問

5 自分の仕事上の興味はどこにあるのかを知ろう――職業興味 ……… 30

　エクササイズ❻　職業興味から自己理解を深めよう・31
　エクササイズ❼　職業興味の相互理解をしてみよう・32
　あなたへの質問

第3章　人間関係とコミュニケーション ―― 35
――人との関わり合いから創られるキャリア

**1 相手を尊重し，私の意見や感情もうまく相手に伝えたい
――アサーション**……………………………………………………………… 36

　エクササイズ❶　あなたのアサーション度はどのぐらい？・38
　エクササイズ❷　アサーティブな表現の練習・40
　エクササイズ❸　アサーティブな表現の特徴・40
　あなたへの質問

**2 非合理的な思い込みが自分を追い込んでいませんか？
――A-B-C-D理論**…………………………………………………………… 43

　エクササイズ❹　非合理的な思い込み度のチェック・46
　エクササイズ❺　自分の非合理的な思い込みを反証してみよう・48
　あなたへの質問

3 自分のキャリアに影響を与える人との出会い
　　──メンター ··· 49
　　エクササイズ❻　メンターインタビュー・50
　　あなたへの質問

4 落ち込んでもしなやかに立ち直る力──レジリエンス ······················· 52
　感情のコントロールができる・52
　柔軟でポジティブな考え方ができる・53
　自分で自分を信じることができる・53
　豊かな人間関係を築くことができる・53
　　エクササイズ❼　レジリエンス度のチェック・54
　　エクササイズ❽　レジリエンスで乗り切る・55
　あなたへの質問

第4章　組織と仕事 ··· 57

1 経営理念・ビジョン・戦略 ··· 57
　経営理念の事例・57
　経営理念とは・58
　経営理念がないとどうなるか・59
　経営ビジョンとは・60
　経営戦略とは・60
　戦術とは・61

2 経営組織 ·· 63
　企業とはどのような存在か・63
　　エクササイズ❶　松下幸之助の発言の真意を考えよう・63
　株式会社のしくみ・64
　組織・企業で働くということ・65
　「作業」と「仕事」の違い・65
　　エクササイズ❷　「作業」と「仕事」の違いは何だろう・65
　　エクササイズ❸　「コピー取り」と「お茶くみ」で仕事をしよう・66
　　エクササイズ❹　次の空欄を埋めてみよう・67

3 若手社員の定着と早期離職 ……………………………………………………… 67
早期離職の実態・67
早期離職の問題点・68
定着に必要な企業の姿勢・69

4 会社ではどのように評価されるのだろう？
── 成果評価と能力評価 …………………………………………………………… 69
目標管理評価・70
　エクササイズ❺　目標管理シートを書いてみよう・70
能力評価・72
　エクササイズ❻　社会人基礎力の自己評価をしてみよう・72

あなたへの質問

第5章　これからのキャリア ─────────── 75

1 外部環境とキャリア ……………………………………………………………… 75
人口の推移・75
経済成長率の推移・76

2 グローバル化 ……………………………………………………………………… 78
グローバル化の3段階・78
グローバルに統合・連携された企業の事例・80

3 ブラック企業 ……………………………………………………………………… 82
ブラック企業の定義・82
ブラック企業のパターン・82
要注意な企業とは・83
ブラック企業が生まれる社会のしくみ・84
　エクササイズ❶　「これはやりすぎ」を考えよう・84

4 多様で柔軟な働き方 …………………………………………………………… 85
人生100年時代の働き方・85
時代の流れとともに変化する働き方のニーズ・85
時間の柔軟性・86
場所の柔軟性・87

エクササイズ❷ 「柔軟な働き方」ができる企業とは・87

第6章 グループ・ディスカッションのスキル —— 89

1 グループ・ディスカッションの基本 ………………………………………… 90
2 ブレイン・ストーミング …………………………………………………… 92
3 傾聴——聴き上手になる …………………………………………………… 93
4 ファシリテーションスキル ………………………………………………… 96

第7章 グループ・アクティビティで学ぶキャリア・デザイン —— 103

1 成果を出すチームにおけるメンバーの役割を知ろう
　——チームとメンバー ……………………………………………………… 105
　エクササイズ❶ マラソンランナー・106
　あなたへの質問

2 1人ひとりの価値観の違いを乗り越えた集団の意思決定を
　体感しよう——コンセンサス …………………………………………… 107
　エクササイズ❷ プロジェクトメンバーを決めよう！・108
　あなたへの質問

3 「就職してからが本番」のキャリアの葛藤に共感してみよう
　——生涯発達するキャリア ……………………………………………… 112
　エクササイズ❸ プロジェクトメンバーのキャリアを考える・112
　あなたへの質問

4 自分の意識と行動が周囲に与える影響について学ぼう
　——社会人の意識 ………………………………………………………… 115
　エクササイズ❹ 会議が怖い・116
　あなたへの質問

5 事業拡大のための組織図を描こう——組織化 ··· 120
　エクササイズ❺　Gカフェの組織図を描こう・121
　あなたへの質問

6 問題解決のための原因分析をおこなおう——従業員満足と顧客満足 ·· 123
　エクササイズ❻　Gカフェの従業員と顧客の不満足の原因究明・123
　あなたへの質問

7 模擬会議で自分の部門を代表した発言をしてみよう
　　　　——部門を代表した発言 ··· 126
　エクササイズ❼　Gカフェの執行役員会議・127
　あなたへの質問

8 私の好きな商品を扱っている会社のことをもっと知りたい
　　　　——企業研究 ··· 131
　エクササイズ❽　企業研究と業界比較・132
　あなたへの質問

9 企業や業界は環境の変化に適応しながら成長していくことを知ろう
　　　　——企業（業界）を取り巻く環境分析 ··· 133
　エクササイズ❾　外部環境分析を通して業界の成長を予測しよう・134
　あなたへの質問

第8章 キャリアの理論 ——137
——キャリアの旅路を支えるコンパス

1 キャリアの考え方に関する理論 ··· 138
　キャリアの定義・139
　あなたへの質問

2 キャリア転換に関する理論 ··· 141
　ブリッジズのトランジション・モデル・142
　ニコルソンのトランジション・サイクル・モデル・143
　あなたへの質問

3 個人と組織の関係性に関する理論 ……………………………… 145
エンプロイアビリティ • 146
組織社会化 • 147
リアリティショック • 147
個人と組織の距離感 • 148
あなたへの質問
適合理論 • 149
プロティアン・キャリア • 149
あなたへの質問

4 キャリア構築に関する理論 ……………………………………… 151
ライフ・キャリア・レインボー • 151
職業的発展段階 • 152
組織内キャリアの3次元 • 153
プランド・ハプンスタンス・アプローチ • 155
あなたへの質問

5 モチベーションと学習に関する理論 ……………………………… 156
動機づけ要因と衛生要因 • 157
欲求階層説 • 158
学習サイクル理論 • 159
あなたへの質問

さくいん • 163

第 1 章
キャリアとは

この章の目的…キャリア・デザインの学習にあたりまず理解しておきたいのは,「キャリアとは何か?」ということです。何事もまずは「言葉の定義(意味を定めること)」から始めましょう。もしも話し手と受け手の間で1つの単語に関する定義や概念が異なる場合,その単語が重要なものであればあるほど,コミュニケーションがかみ合わないことにもなりかねません。

ただし難しいのは,片仮名,つまり外来語は,そのものずばりといった日本語の概念に相当するものがない場合が多いということです。「キャリア」もそのうちの1つと言えるでしょう。それだけにキャリアの概念についての定義をおこない,この本における認識を合わせておくことは大変重要なことです。

この章ではまず,「キャリア」についてさまざまな観点からその概念を明らかにします。その次にキャリアの2つの側面,すなわち「外的キャリア」と「内的キャリア」について考察し,続いてその内的キャリアを探索する1つの方法である「ライフライン・チャート」について解説していきます。

本章は,この本の肝となる部分ですので,ぜひ熟読して理解していただきたいと思います。

★ 1 「キャリア」とは何か

▶キャリアの意味

あなたは,「キャリア」という単語の意味をどのようにとらえていますか?
経歴,職業,実績,歩んできた道…などさまざまな意味を思い浮かべることでしょう。まったく聞いたこともないという人もいるかもしれません。

世の中には,「キャリア」という単語を使った言葉があふれています。下記の単語は,近年の新聞記事や新聞広告の中に実際に掲載されていた言葉です。
- キャリア官僚
- キャリアウーマン
- キャリア採用
- キャリアアップ
- キャリアライフ

- キャリア教育
- グローバルキャリア
- キャリアパス
- キャリアプラン
- キャリアコンサルタント

　なんとなく見たり聞いたりしたことはあるけれど，その意味を問われればあいまいにしか答えられないものも少なくなかったのではないでしょうか。また，他の人の回答を聞いてみると，同じ単語でも自分とは異なる意味にとらえていたものもあるでしょう。
　このように，「キャリア」という単語は人によってその意味するところが異なり，ある意味ではたいへん「あいまいな概念」であるとも言えそうです。

▶ キャリアの語源
　キャリアの語源は，ラテン語の「車輪のついた乗り物」「荷車」です。その後，「道」「馬道」，さらには「馬車競技のコース」へと転じていきます。その語源から，「俊敏に，途切れることなく，動く」という意味が生まれ，19世紀前半には外交官や政治家などの「立身出世コースとなるような職業機会」を意味するようになります。その後，20世紀後半からアメリカでは，「政府・実業界あるいは専門的業界などにおける，威信の高い職業的役割」の意味で使われるようになりました（川喜多，2004）。日本でも「キャリア官僚」といえば幹部候補生として中央官庁に採用された国家公務員のことを指していましたし，「キャリア・アップ」（和製英語）といえば，さまざまな組織や会社をわたって，出世を目指すような意味合いで使われてきました。

▶ 既存研究におけるキャリアの定義・特徴
　これまでにさまざまな研究者や組織が，「キャリア」の定義をしています。以下にその一部を紹介しましょう。
- 一連の仕事経験の積重ねによりでき上がっていく個人の仕事の経歴（高橋俊介）。
- 生涯を通して他者および社会と関係する中で得られる諸経験の価値づけ，意味づけで構築される個々人それぞれ独自の生き方の構築の過程（Savickas）。
- 個人がその人生を通じてもつ一連の経験である。これを外的に見れば，社会的役割であり，その主なものは職業生活上の役割であり，職業キャリアであるが，こ

れを狭義とし，広義にはライフキャリアとみる。これを内的にみれば，自分の人生の様々なステージについての本人の意味づけである（川喜多喬）。
- 個人が生涯を通じた職業（職業経歴）選択にかかわる活動・態度と，「働くこと」にまつわる自由時間，余暇，学習，家族との活動などを含んだ個人の生涯にわたる生き方（ライフスタイル）のプロセス（過程）（GCDF-Japan）。

つまり「キャリア」とは，狭義においては人生における多くの時間と労力を占めるであろう「職業生涯上の仕事経験の連鎖」であるといえますが，広義においては「個人の生涯にわたる生き方そのもの」ととらえることができます。「人生行路（こうろ）」とか，「渡世（とせい）」という言い方に置き換えてもいいかもしれません。

▶キャリアに内包される共通概念

筑波大学名誉教授の渡辺三枝子氏は，「キャリア」のどの定義にも次の4つの共通概念が根底に内包されていることを指摘しています（渡辺，2007）。

1. **個別性／固有性**：自らのキャリアは自らが選択し決定すること，すなわち2つの同じキャリアは存在しない。
2. **時間的経過**：人は過去，現在，未来という一連の時間的流れの中に生きる存在であり，動的な時間軸の中でキャリアをとらえる。
3. **空間的ひろがり**：キャリアは複数の空間的場において同時に進行し相互に関連している。
4. **人と複数の環境との相互作用の結果**：人は人的，社会的，物理的などの複数の環境との相互作用の中に生活し，キャリアを形成している。

さらにここで，神戸大学教授の金井壽宏氏のキャリアに関する興味深い論考を紹介しましょう。

1. 長期にわたることなので，不確実でデザインのしようがない。
2. なにが起こるかわからないので，偶然に身を任せたほうがいい。
3. いつも，キャリアの問題を考えているのは鬱陶しい。
4. 時代は，働く個人にキャリアについて考えるように要請し始めている。
5. 節目のときだけは真剣に考えてデザインすべきものがキャリアだ。

（金井，2002）

金井教授は，「毎朝，歯を磨くたびにキャリアについて考える必要はない」と述べる一方で，「人生における節目の時には，強く意識すべきものがキャリアである」

と述べています。

では,「人生における節目」とはどのような時でしょうか。たとえば「進学」「就職」「結婚」「出産」「転勤」「昇進」「出向・転籍」「定年」……などでしょう。多くの人々の寿命が100年を超える「人生100年時代」の社会においては,「転職」「起業」や「自分探し」という一時期も節目の1つに含められることとなるでしょう。これらも,「人生における転機」といってもいいですね。

さて,あなたは自分の「転機」に際して,自らのどのような思いを大切にしたうえで,どのような一歩を踏み出しますか。

★ 2 「外的キャリア」と「内的キャリア」

「キャリア」をその外的観点と内的観点から,「外的キャリア」と「内的キャリア」の2つに分けて考えてみましょう。

▶外的キャリア

外的キャリアとは,学歴や会社名,職業,職務,役職,報酬といった外的な基準であり,客観的で第三者からも見えやすいもののことを指します。たとえば,次のような表現であらわされるものです。

「経理課長をやっています」
「○○○○株式会社に就職したいなあ」
「転職して,年収が600万円になった」

これらは,現実社会での仕事の分野,種類,職位や役割,責任,権限,報酬などで表現されるものです。また,自分以外の周りの人から見える部分であり,どのような領域のどのような仕事なのか,説明すればおおよそわかってもらえるものであったり,履歴書の職歴欄や職務経歴書に書いてあることであったり,肩書きや勤めている会社名も外的キャリアといえましょう。つまり,その人がどのような人で,どのような想いを持っているかまでを知らなくてもわかるものです。

▶内的キャリア

内的キャリアとは,個々人が持つ価値観や満足度,やりがい,意味づけ,使命感,興味・関心,期待,願望,優先順位など,主観的・個別的で自分だけが見ることの

できる想いのことです。たとえば，次のような表現であらわされるものです。

「お客様からも本音で相談される，○○先輩のような技術者になりたいです」

(⇒「私のやりがいは，技術力でお客様のお役に立てることです」)

「今の仕事は給料は安いけれど，自分の仕事が社会に貢献しているという感覚があって，充実しています」

(⇒「お金も大切だけど，それ以上に社会に直接役立っているという充実感の方が，私にはより大切だ」)

「子供が小さいうちは，通勤時間が短い会社で働きたいな」

(⇒「今は子供のことを第一に優先させたい」)

つまり，
- 個人の内部において，仕事あるいは人生の「質」をどのような「価値観」でとらえるか
- 仕事や人生の意味，意義をどこに感じるのか
- どんなことに生きがいや働きがいを感じようとして生きるのか，働くのか

ということです。そしてこれらは，第三者からは容易にはわからず，当の本人に直接聞いてみないとわからないものでもあります。

また「内的キャリア」は，人生の節目において何らかの意思決定をするにあたっての拠り所，ものさしとなり，数ある選択肢の中から自分にとって意味，意義のあるものを選択するための基準にもなるものです。<u>自分にとっての仕事の価値や意味，意義を自ら問う，仕事の内的世界（自分の生きがいや働きがい）</u>であるともいえるでしょう。

私たちは，自分自身の「内的キャリア」を見つめ，様々な人の支援を受けながらそれが実現できる場所や働き方を最終的には自らが選択をする必要があるのです。

次の寓話を読んで，内的キャリアを考えよう

所要時間：15分

次のイソップ寓話（物語）『3人の石切職人』を読んで，下記の問いについてグループで議論してみましょう。

3人の石切職人

昔，１人の旅人が，ある町を通りかかりました。町では，新しい教会を建設しているところでした。建設現場では，３人の石切職人が働いていました。その仕事に興味を持った旅人は，１人目の石切職人に尋ねました。

「あなたは，何をしているのですか」

その問いに対して石切り職人は，何を当たり前のことを聞くのだとつまらなそうな顔をして答えました。

「お金を稼ぐためさ！」

旅人は，２人目の石切職人に同じことを尋ねました。

「あなたは，何をしているのですか」

その問いに対して石切り職人は，汗を拭いながらこう答えました。

「この大きくて固い石を切るために，悪戦苦闘しているのさ！」

旅人は，３人目の石切職人に同じことを尋ねました。

「あなたは，何をしているのですか」

その問いに対して石切り職人は，目を輝かせこう答えました。

「私が切り出したこの石で，多くの人々の，心の安らぎの場となる『教会』ができるのです。私は，その素晴らしい教会を夢見て，石を切り出しているのです」

（１）「あなたは，何をしているのですか」という同じ問いに対して，なぜ三者三様の答えが返ってきたのでしょうか。
（２）それぞれの石切職人の内的キャリアは何だと思いますか。

長らく外資系企業の人事部門で活躍された横山哲夫氏は，「外的キャリア」と「内的キャリア」の関係について，次のようなことを述べています（横山，2004）。

- 「外的キャリア」は同じでも，感じている「内的キャリア」が異なることも少なくない。会社や上司が本人のためによかれと思ってやったことも，「内的キャリア」が異なれば，まったく逆効果になることがある。
- 「自分にとっての内的キャリアは何か？」……これがわかっていないと，いつまで経っても満足感は得られない。「どこかにもっと満足感が得られる仕事があるのでは……」というような気がしてしまう。さまざまな仕事を経験しても，

「なんだか違う」ということはわかっても，「これがそうだ！」という確信が得られない。

前者の例で考えてみましょう。ある企業でＡさんとＢさん２人の社員を同時に営業課長に昇進させたとします。もちろん会社は，「この２人なら期待どおりの業績をあげてくれるだろう」と考えて昇進させたはずです。Ａ課長は会社の期待を意気に感じて，これまでにも増してバリバリと仕事をこなし，部下を指導しながら１年後には期待どおりの業績を残していきました。一方Ｂ課長はというと，会社の期待に反して「本当は，自分には営業が向いてない。たまたまお客様の担当者と馬が合ってこれまでは実績が出ていたけれど，実を言うと苦痛でたまらなかった。できれば営業部隊を裏方として支援するような業務管理部門に異動したかった。ましてや部下の指導なんて……」という想いや願望を持っていたのです。当然Ｂ課長は１年後，実績を出すことができずにいました。会社は１人ひとりの社員と向き合い，当人の話を十分に聴く必要がありますし，また本人も自らの内的キャリアを見つめなおし，上司に自らの言葉でその思いや価値観を伝える必要があるでしょう。

また後者の例では，短期間に転職を繰り返すような人材のすべてがそうではないでしょうが，自らを振り返りその内的キャリアと向き合うことによって，適切な居場所が見つかることがあるかもしれません。

人には必ず，その時点における「外的キャリア」と「内的キャリア」が存在します。それらを混同することなく，自らの内的キャリアに向き合い，探索し，できれば文章に表して可視化してくことをお薦めします。また内的キャリアは，その置かれた環境などによって，刻々と変化をしていきます。半年から１年で内的キャリアに変化が現れることも特段珍しいことではありません。毎朝，鏡の前で内的キャリアの探索をする必要まではありませんが，時には心穏やかに来し方行く末を考え，自らの内面を見つめてみることも意味のあることでしょう。

★ 3 ライフライン・チャート

自らの内的キャリアを見つめ，探索するにはどうしたらいいでしょうか。さまざまな方法・手法がありますが，ここではその手がかりをつかむためのオーソドックスな方法として，「ライフライン・チャート」を使った方法を紹介しましょう。

▶ ライフライン・チャート

「ライフライン・チャート」をおこなうために、次のようなシートを使用します。

みなさんが意識的か無意識的かにかかわらず、これまでの人生においてさまざまな経験を積み、人と交流することによって今の自分が形作られていることは紛れもない事実でしょう。このライフライン・チャートは、自らの幼少期からこれまでの出来事を振り返り、「自分はどのようなことに価値をおいているのか」、「何をしている時に充実感を感じているのか」などを発見し、同時に「いきいきとしたこれからの人生を送るためには、何が必要なのか」、「次の一歩を踏み出すためには、どんな拠り所に従って選択をおこなえばいいのか」といったことを考える際の手がかりを提供するツールです。

チャート図の横軸は、年齢です。そして縦軸は、充実感・満足度やワクワク感の高さです。上に行けば行くほど充実していたり、イキイキと生活・学習・勤務している状態といえましょう。逆に下に行けば行くほど、停滞感に支配されていたり、空虚感・不満感のようなどんよりとした状態といえます。

ライフライン・チャートの作成は、次の順序でおこなってください。

1. 現時点から見た、「当時の自分の心持ち、充実度合(停滞度合)」を思い出し、年齢ごとにプロット(点にして書き示す)していく(開始年齢は何歳からでも構わない)。

第1章 キャリアとは

2. プロットにあたっては，イキイキしていた，ワクワクしていた，良い感じだった，楽しかった，嬉しかった，燃えていたことを＋（プラス）にする。
3. 反対に，へこんでいた，うまくいかなかった，辛かった，悲しかった，行きづまったといったことを－（マイナス）にプロットする。
4. その点を曲線で結ぶ。
5. 特徴的なところでは，どんなことがあったのかを吹き出しに書いてみる。
6. ＋の高い部分や，－の低い部分，また急激なカーブでは何があったのか，その時の自分の気持ちを合わせて書いてみる。
7. 言葉にするのが恥ずかしかったり，自分だけの秘密についてまで書く必要はありません。自分だけが分かる印や記号で書いても構いません。

いかがでしょうか。あまり悩まずに，直感で書いてみることをお薦めします。

事例　例としてXさん（45歳）が書いたライフライン・チャートを見てみましょう。

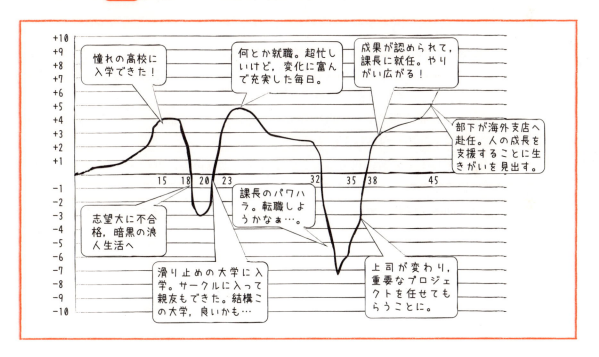

Xさんの内的キャリアは，どのようなものでしょうか。上図のライフライン・チャートを眺めながら，一緒に考えてみましょう。
- 表面的な華やかさや他人の評判よりも，自ら体験したことや人間関係の良さを大切にする人。
- 楽な道よりも，忙しくてもやりがいがあって変化に富んだ日常を好む人。

- あれこれ管理されるよりも，一定の領域で裁量権を持って仕事を任せてもらうことによって成果をあげる人。
- 他者から認められることによって自信を深め，さらに成長していく人。
- 自分が出世するよりも，自らの関与によって人が成長したり，自分を超えるような人材を育成することにやりがいや生きがいを見出す人。

　こんな価値観をもった人物像が，なんとなく見えてきませんでしたか。これが，内的キャリアに通じるものだといえるでしょう。

　それでは皆さんもやってみましょう。

自分のライフライン・チャートを俯瞰してみよう
　　　　　　　　　　　　　　　　　　　　　所要時間：25分

　それでは自分のライフライン・チャートを書きあげたら，それを客観的に眺め，次の順序で内的キャリアに迫ってみましょう。

(1)　曲線とコメントで描かれたこれまでの自分の歩みを振り返ってみて，どのようなことを感じましたか。

(2)　＋の高い部分や−の低い部分，あるいは大きく曲がっている部分では，どのようなことがありましたか。

(3)　そしてその時に自分は，どのようなことを感じ，どのようなことを考えていましたか。

(4)　曲線全体を俯瞰してみて，何か共通点やパターンのようなものはありますか。

隣の人とライフライン・チャートを見せあおう
　　　　　　　　　　　　　　　　　　　所要時間：15分×2人分

　続いて2名1組になり，お互いのライフライン・チャートを見ながら質問しあいましょう。

　その際に守ってほしい，大切なルールがあります。

(1) キャリアに「勝ち／負け」や「良い／悪い」ということはありません。またキャリアは、個別的なものであり他人と比較するものでもありません。
(2) あるのは「自分に合ったキャリア」や「自分にとって充実したキャリア」ということです。
(3) 社会通念にとらわれない「自分のものさし」で、あなたのイキイキ度合、ワクワク感を探しましょう。
(4) 参加者個々人に関する内容は、この部屋の中だけに留めてください。他言無用としてください。

では、次の順序でワークショップを始めましょう。（Aさん：自分のライフライン・チャートを説明する人、Bさん：説明をしてもらった相手の人）
(1) お互いに自己紹介をしましょう。所属、氏名と所属サークル、最近のお気に入りなどで結構です。（30秒）
(2) AさんからBさんに、自分のライフライン・チャートについて、簡単に説明してみましょう。（5分）
(3) Aさんからライフライン・チャートの説明を受けたBさんから、次のような質問をしてみましょう。（5分）
- この時、なぜ嬉しかったのですか？
- この時にイキイキしていた理由は、何だと思いますか？
- ここでへこんだ理由は何ですか？
- 谷から浮上して山に至るきっかけは何ですか？
(4) Aさんの説明と質問への回答を聞いて、BさんからAさんに感想を伝えましょう。（3分）
- 感じたこと、思ったこと、気づいたこと など
(5) 今度はAさんとBさんが交代して、（2）からやってみましょう。

隣の人と話してみて、気づきをまとめよう

所要時間：10分

次に、隣の人との会話をした感想を個別に次のようにまとめてみましょう。
(1) 自分でライフラインを見ながら得た気づき（エクササイズ❷）とは異なる気づきがあれば、書いてみましょう。

(2) 自分に投げかけられた質問に答えるとき，どのような気持ちになりましたか。またどのようなことを考えましたか。
(3) 自分の「内的キャリア」らしきものは，何だと思いますか。

　今回，自分のライフライン・チャートを作成することをとおして，自らの内的キャリアをみつける1つの手がかりを探ってみました。ここからの気づきや，充実感を感じている時の共通点，さらには谷から浮上するきっかけとなる出来事などが，自分にとっての充実したキャリアの手がかりになるかもしれません。でもこれらはあくまでも「手がかり」であり，ここでの気づきだけが自分の内的キャリアではないことにも注意をしてください。人はもっと多様で複雑な生きものです。時にはこんな方法で自分を見つめなおし新たな自分を発見したり，へこんだ時に浮上するきっかけとして活用するといいでしょう。そして身近なこと，具体的なことから行動に移してみることをお薦めします。

参考文献

- 金井壽宏（2002）『働くひとのためのキャリア・デザイン』PHP新書
- 川喜多喬（2004）『人材育成論入門』法政大学出版局
- 高橋俊介（2003）『キャリア論』東洋経済新報社
- 日本キャリアデザイン学会監修（2014）『キャリアデザイン支援ハンドブック』ナカニシヤ出版
- 横山哲夫他（2004）『キャリア開発／キャリア・カウンセリング―実践・個人と組織の共生を目指して』生産性出版
- リンダ・グラットン，アンドリュー・スコット著　池村千秋訳（2016）『LIFE SHIFT（ライフ・シフト）』東洋経済新報社
- 渡辺三枝子編著（2007）『新版キャリアの心理学』ナカニシヤ出版

第2章
自己理解
——内的キャリアへのアプローチ

この章の目的…就活を始めると必ず勧められるのが「自己理解」です。自分が何者で，何が得意で，どこへ向かおうとしているのか。これらはこれから社会に出る皆さんにとって，大変重要な問いです。自分の方向性を見定めて，就職を希望する業界や企業を絞り込み，効率的な就活をして内定という成果を手にする。もちろん，こうした進め方は合理的です。ただ，ここで「社会と個人の双方が不変的であれば」という条件が付きます。

　たとえば，20世紀初頭に手先の器用だった少年が馬車の車輪作りの仕事に就いたとしましょう。でも，自動車が登場したことで馬車の需要は激減し，会社は馬車以外の事業を行うことにしたので少年は別の仕事に就かねばならなくなりました。これは現代でも起こりうることです。いえ，現代だからこそより早いスピードで会社や職業は変化します。

　個人の働き方も変わってきました。終身雇用で定年まで勤めるだけではなく，転職したり，メインの仕事の他に副業をもったり，育児や介護で休職をしたりしながら自分と会社との距離を調整するようになってきました。

　つまり，「社会と個人の双方が変動的」な時代を生きていく若い世代のみなさんは，就活という1回限りのイベントのためだけの自己分析ではなく，自分の生涯にわたるキャリアを自分の手で主体的に築き上げていくために，自分が何者か，何ができるのか，という問いに対して，時間をかけて考え，答えられるようになってほしいのです。

　そのために，この章では**「自分の知らない自分に出会う」**ために他者から自分がどのように見えているのかフィードバックをもらう方法を紹介します。そして，**「自立したキャリアを創る大学生活」**にはどのような活動があるのかを仲間と一緒に考えていきましょう。キャリアには1人ひとりの独自性があるからこそ，大海原で迷い，とまどうこともたくさんあります。そんな時の指針になる**「キャリア・アンカー（碇）」**について学びます。

　また，**「自分と他者との違いを行動特性から分析」**し，似た者同士ではない人たちとの付き合いについて考えます。最後に**「自分の仕事上の興味がどこにあるのか」**を知ることで自己理解を深めていきましょう。

　世の中も会社も仕事も変わる時代には，外的キャリアも変化します。でも安心してください。自分の心の声に耳をすませば，あなたの内的キャリアは必ず成長，発達します。

1 自分の知らない自分に出会おう
——ジョハリの窓と肯定的フィードバック

みなさんは，自分のことをどの程度理解していますか？

自分のことは自分が一番よく知っていると思う人もいるでしょうし，いやいや，自分でも自分のことがよくわかっていないんだよね，と思う人もいるでしょう。その両者とも正解です。なぜなら，「自分が知っている自分」と「他人が知っている自分」が一致しているとは限らないからです。前者の方は「自分が知っている自分」のことを思い浮かべ，後者の方は「他人が知っている自分」と「本当の自分」との間のギャップを思い浮かべたのではないでしょうか？

「他人が知っている自分」といえば，クラスや友達仲間という集団の中で自分がどういう「キャラクター（キャラ）」でいれば居場所があるのかを判断して，その「キャラ」を「演じる」という経験はありませんか？ でもそのうちに，キャラと自分自身との違いがわからなくなることもあるでしょう。大人になってからも，集団の中で自分の立ち位置を俯瞰的に判断して，期待される役割を果たすという能力はとても重要なので，「キャラ」を考えることはその練習になるかもしれませんね。でも，演じ続けていると自分らしさがうまく表現できずに居心地の悪さを同時に感じたりすることもあります。

そこで，本当の自分に出会うために，「自分軸」と「他人軸」を組み合わせた自己理解のツールをご紹介しましょう。アメリカの心理学者ジョセフ・ルフト博士とハリー・インガム博士が発表した対人関係における気づきのフレームワークとして知られる「ジョハリの窓」（提唱者2人の名前を組み合わせたもの）です。

図表2-1 ジョハリの窓

	自分が知っている	自分は気づいていない
他人は知っている	Ⅰ 開放の窓	Ⅱ 盲点の窓
他人は気づいていない	Ⅲ 秘密の窓	Ⅳ 未知の窓

この「ジョハリの窓」では，横軸に自分が「知っている」「気づいていない」を，縦軸に他人が「知っている」「気付いていない」をマトリクスにすることで，4つの象限を作り出しています。

- Ⅰ 「開放の窓」は，自分も他人も知っている自分の領域です。自分のことが表現できている部分ですね。
- Ⅱ 「盲点の窓」は，自分では気づいていないけれど，他人は知っている自分の領域です。え，私ってそんなところがあったの？ と驚くことがあるかもしれません。
- Ⅲ 「秘密の窓」は，他人は気づいていない自分の領域です。これまであまり人に見せてこなかった，あるいは見せたくない部分って誰にでもありますよね。
- Ⅳ 「未知の窓」は，自分も他人も気づいていない領域です。自分の秘めたる可能性がここに眠っているのかもしれません。

さて，ここで大事なのが，「キャラを演じる」のではなく自分らしく人と付き合っていくには「開放の窓」を広げるとよい，ということです。また，「開放の窓」が広がるということは，同時に「未知の窓」を覗くことができる（**図表2-2**の斜線部分）ので，自分の新たな可能性に気づくこともあります。

では，「開放の窓」をどのように広げるのか，それが①他人からフィードバックを受ける，②自分から開示する，ということです。では，ジョハリの窓のエクササイズをしていきましょう。

図表2-2　開放の窓を広げる

	自分が知っている	自分は気づいていない
他人は知っている	開放の窓　①他人からフィードバック→　②自分から開示↓	盲点の窓
他人は気づいていない	秘密の窓	未知の窓

ジョハリの窓を記入しよう
所要時間：10分（身近な人へのインタビューを含めずに）

（1）「開放の窓」「秘密の窓」を自分で記入しましょう。
（2）「盲点の窓」は親しい友人，目上（先輩，親）の人など身近な人の２名以上から聞いて記入しましょう。
（3）「未知の窓」への気付きがあれば，記入しましょう。

	自分が知っている	自分は気づいていない
他人は知っている	開放の窓	盲点の窓
他人は気づいていない	秘密の窓	未知の窓

> **あなたへの質問**
> ジョハリの窓を記入することで，自分自身の可能性について気づいたことは何ですか？
> ＿＿＿＿＿＿＿＿＿＿＿＿＿＿＿＿＿＿＿＿＿＿＿＿＿＿＿＿＿＿＿＿＿＿＿＿＿＿＿
> ＿＿＿＿＿＿＿＿＿＿＿＿＿＿＿＿＿＿＿＿＿＿＿＿＿＿＿＿＿＿＿＿＿＿＿＿＿＿＿
> ＿＿＿＿＿＿＿＿＿＿＿＿＿＿＿＿＿＿＿＿＿＿＿＿＿＿＿＿＿＿＿＿＿＿＿＿＿＿＿

エクササイズ❷ 自己開示してフィードバックをもらおう
所要時間：8分×グループ人数

（1） エクササイズ❶で記入したシートを用いて，グループ内で自己開示をします。

（2） 3～4人でグループになります。1人ずつ「開放の窓」と「秘密の窓」，そして身近な人から聞いた「盲点の窓」について話しましょう。なお「秘密の窓」は話したくないことを無理に話さなくても構いません。ただ，ほんの少し勇気を出して自己開示してみると，気持ちが楽になることもあります。（5分）

（3） 自己開示を聞いた他のメンバーは話の最中では傾聴し，話が終わったら全員が一言ずつ，相手の良い点や前向きになれる言葉がけ（肯定的フィードバック）をします。（3分）
例：「私たちを信頼して話してくれてありがとう」「いつも挑戦しているところを私も見習いたいです」など

なぜ，肯定的フィードバックが大切なのかを説明しましょう。
豊かな人間関係の構築には，自分自身と他者の両者を肯定的に受け入れる，**図表2－3**の左上の領域が望ましいのです。でも，自分のことが好きになれなかったり（自己否定），他者を認められなかったり（他者否定）すると，人間関係が行きづまってしまいます。そこで，肯定的フィードックは相手の良いところ見つける（他者肯定）の練習になりますし，フィードバックをもらった人も自分を認める（自己肯定）ことになり，グループの中での相互信頼感が増すことになるからです。

図表2-3 自分と他者との関係性マトリックス

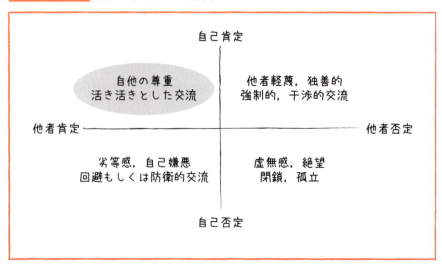

出所：諏訪（1999）p.85

あなたへの質問
　ジョハリの窓の自己開示と肯定的フィードバックをグループ内で相互に行うことで，自己理解と他者理解が進んだことは何ですか？

_____
_____
_____

★ 2　自立したキャリアを創る大学生活のイメージを描いてみよう
　　　──マインドマップ

　大学生として過ごせる時間には限りがあります。授業やゼミ，そして部活やサークル，アルバイト，もちろん恋愛も大事。でも，就活もあるし，資格勉強もしたいな。いろいろなことができそうで，でもあっという間に時間は過ぎてゆく。みなさんの，大学生としてのキャリアはもうスタートしています。

　高校と比較して大学の最大の利点は自由があることです。自由があるということは，自己責任で自立した自分の生活を創る，つまりキャリアの自己形成という考え

方の土台を築いている段階が大学生活なのです。そこで，有効に時間を使うためにタスク（やるべきこと）一覧やスケジュール表を作る。それもいいけれど，もっとワクワク，楽しく自立した大学生活をイメージする方法があります。それがマインドマップです。

　マインドマップは，イギリスの脳と学習の研究家であるブザン氏によって発明された脳の自然な働きをそのまま紙の上にカラフルに描く方法です。授業ノートから経営方針の策定まで，ありとあらゆる用途に使用できるうえに，学習能力を高めたり，漠然と思い描いている思考を表現するのに役立ちます。今回は，「自立したキャリアを創る大学生活」というテーマでマインドマップをグループで作成するエクササイズを紹介しましょう。

　まず，マインドマップの基本的な描き方を説明します。
（1）　中心イメージを描きます。
（2）　中心イメージから主要テーマを枝（ブランチ）のように放射状に広げます。
（3）　ブランチには関連する重要なイメージや重要な言葉をつなげます。
（4）　連想ゲームのように次々と思い浮かぶイメージや言葉も，枝分かれさせながら加えていきます。

　マインドマップは，できるだけカラフルに，文字だけではなくイラストや記号を入れて，おもしろさ，楽しさ，ユニークさを加えると，唯一無二のものが仕上がり，創造力を高めたり記憶に残すことにも役立ちます。

マインドマップを描こう

所要時間：作成30分，発表30分

用意するもの：白紙の紙（5人グループで描く場合は，四つ切の画用紙サイズが望ましい），カラフルな水性マジックペン

（1）　5人グループになり，紙の中心に「自立したキャリアを創る大学生活」と書き，カラフルなイラストやデザインにします。
（2）　「大学生活と言えば？」と連想ゲームのようにグループのメンバーと共にメインブランチを放射状に広げます。

(3) 次にメインブランチから連想する言葉をさらにブランチとしてつなげていきます。そのときに「自立したキャリアを創る」という言葉を意識しましょう。「自立したキャリアを創る授業と言えば？」「自立したキャリアを創るサークル活動と言えば？」といった具合に。

(4) どんなアイデアであっても（反社会的なものでなければ），OKです。連想した言葉をブランチにしてどんどんつなげていきます。

(5) 1人がブランチを描いている間に他の人はイラストや色付けをしてもいいし，2名で手分けしてブランチを描いても構いません。仲間と自由に楽しくアイデアを広げていきましょう。

(6) できあがったマインドマップをクラス内で共有しましょう。グループ数が少ない場合は発表形式で，グループ数が多い場合は教室の壁に張り出して美術館の絵を見て歩くような「ギャラリー・ウォーク」をしてもいいですね。

> **事例** 300名の講義で，全員が45グループのマインドマップを楽しく見比べられるように「いいねシール」として丸いシールを渡し，ギャラリー・ウォークをしました。シールが多く貼ってあるものが，「いいね」が多かった，ということです。

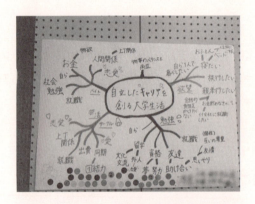

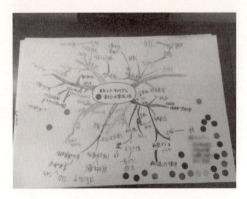

> **あなたへの質問**
> マインドマップをグループの仲間たちと描くことで、「自立したキャリアを創る大学生活」がどのようにイメージできましたか？
>
> _____
> _____
> _____

★★ 3 キャリアの大海原で漂流しそうになったら自分の碇を意識してみよう──キャリア・アンカー

　キャリアの道のりはとても長いものです。就職してからも，異動，転勤，昇格，出向，あるいは転職，そうした転機に何度も出くわす，まるで大海に浮かぶ船のように大波小波を渡っていきます。このときに，自分が何者で，どんな仕事がしたいのか，という心の中に軸を持っていないと大海を漂うだけの船になりかねません。そこで，船が碇を下すように，自分らしさを維持するために自覚しておきたいのが，キャリア・アンカー（碇）です。

　アメリカの経営学者のシャイン博士は，キャリア・アンカーとは，自分がどうしても犠牲にしたくない，本当の自分らしさを象徴する能力ややりたいことや価値観といったものが組み合わさったものだと説明しています。そして，その碇は血液型のように生まれつき決まっているものではなく，キャリアの積み重ねに応じてできあがってくるものなので，社会での仕事経験が10年以上は必要だろうと述べています。みなさんが社会に出て10年ほど経ち，活躍しているころにはこうした「自己概念」というものが形成されていることでしょう。

　「自己概念」とは，次の問いに対しての自分なりの答えです。
（1）自分は何が得意で，何が苦手なのか。
（2）自分はいったいなにを望んでいるのか，人生の目標はなにか。
（3）どのようなことをやっている自分なら意味や誇りを感じ，社会に役立っていると実感できる，そんな価値観を持っているのか。

たしかに，社会での仕事経験のない大学生には答えにくい問いばかりです。内的キャリアの自己イメージが形成されていない大学生には適用が難しい，とシャイン博士も指摘していますが，キャリアには連続性がありますので大学生でもこれまでの経験からアンカーの原型ができているのではないか，というのが筆者の考えです。具体的なイメージを持つために，1つの事例を紹介しましょう。

　事例　A君は大学生で家庭教師のアルバイト（外的キャリア）をしています。家庭教師は時給のよいアルバイトなので続けていたのですが，担当していた子供が中学受験に合格し（経験），とても嬉しくて，家庭教師の仕事にやりがいを感じた（内的キャリア）としましょう。

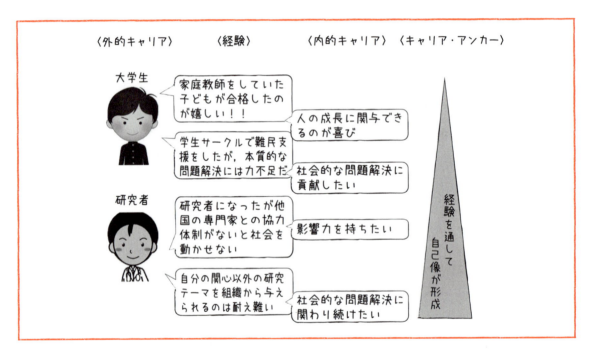

　ここで，家庭教師という仕事が第1章でも解説した「外的キャリア」に相当します。家庭教師の仕事を通して，A君は人の支援に関わることに関心を持ち，難民支援活動（外的キャリア）をしましたが，学生ができる事の限界を実感し（経験），より本質的な社会問題の解決に関心を持ち（内的キャリア）研究者（外的キャリア）の道へと進むことにしました。でも，研究を黙々とやることに楽しさを感じるのではなく（経験），ネットワークを拡げて影響力を持ち，自分が解決したいと思った社会的な課題に没頭しているときが何よりやりがいを感じること（内的キャリア）に気づいた，という連続性です。こうした経験の積み重ねによって①自分の得意，

苦手なこと，②人生の目標，③価値観，という自己概念の要素ができあがってきます。これが，キャリア・アンカーとして表現されるのです。

キャリア・アンカーには8つのカテゴリーがあるとされています。

（1）　専門・職能別／Technical Functional
（2）　経営管理／General Management
（3）　自律・独立／Autonomy
（4）　保障・安定／Security
（5）　起業家的創造性／Entrepreneurial Creativity
（6）　奉仕・社会貢献／Service
（7）　純粋な挑戦／Pure Challenge
（8）　生活様式／Lifestyle

複数のアンカーにまたがることももちろんありますが，「どうしてもこれだけはあきらめたくない」と思う，際立って重要な領域が自分のアンカーになります。

キャリア・アンカーに気づいてみよう

所要時間：10分

各キャリア・アンカーの内容を読んで，自分にとっての重要度を◎○△で記してみましょう。

キャリア・アンカー	内　容	重要度 ◎○△
❶ 専門・職能別 Technical Functional	仕事経験と学習を経て特定の仕事に対する才能と高い意欲を持つに至り，自分が専門家（エキスパート）であることを自覚し，満足感を覚える。 例 独学でプログラミングをしていたら携帯のアプリ開発もできるようになった。ゼミでアンケート調査アプリを作ったら仲間から頼られ，達成感を強く感じた。	
❷ 経営管理 General Management	経営管理そのものに関心を持ち，組織の階段を上り，責任ある地位に就いて組織全体の方針を決定し，自分の努力によって組織の成果を左右してみたいと考える。 例 バイト長に任命されて，自分の考えで売上向上の提案をしたり，後輩が仕事しやすい環境を作ったりすることで，仕事の結果が出ることが楽しくなってきた。	
❸ 自律・独立 Autonomy	あらかじめ定められた規則が我慢できず，自分のやり方，自分のペース，自分の納得する仕事の標準を優先したいと考える。目標達成のための方法やプロセスはすべて自分に任せて欲しいと考える。 例 添乗員付きの旅行で食事時間まで決められているのが嫌で，交通機関も宿泊先も自分ですべて手配をしたらとても楽しくて，マイペースが一番だとしみじみ思った。	
❹ 保障・安定 Security	仕事環境が安全で確実だと感じられ，将来の出来事が予測でき，ゆったりとした気持ちで仕事ができるようなキャリアを最優先させたいと考える。 例 ゼミを決める基準は，学会発表や1人で調査に行くようなハードルの高い課題を課されるところは避けたい。こつこつと文献研究を積み上げることが評価されるようなゼミが安心できる。	

❺	起業家的創造性 Entrepreneurial Creativity	新しい製品や新しいサービスを開発したり，財務上の工夫で新しい組織を作ったり，あるいは現存する事業を買収し再編したりして，新しい事業を起こしたいという欲求がある。 例 学園祭の出店で例年どおりの内容では満足できず，全く新しい企画に挑戦して独自なものを行ったときのワクワクが忘れられない。	
❻	奉仕・社会貢献 Service	世の中をもっと良くしたいという欲求や，自分の中心的価値観に合う仕事を選びたいと考える。人々と共に働き，時には人類のために身を投げうってもいいという価値観がある。 例 運動部のマネージャーをしており，試合に備えて1人で夜遅くまで部員の用具の整備をしたとしても，チームのためなら苦にならない。	
❼	純粋な挑戦 Pure Challenge	何事にも，あるいは誰にでも打ち勝つことができる自分を自覚している。一見不可能と思えるような障害を克服することや，解決不可能と思われてきた問題を解決することなどが，人生の成功だと考える。 例 普通の人なら尻込みしそうな難しい条件の留学先を目標に設定して，自分を追い込んでしまうが，常に挑戦している自分でありたいと思う。	
❽	生活様式 Lifestyle	単に仕事とプライベートのバランスを取るということのみならず，自分自身のニーズ，家族のニーズ，キャリアのニーズをうまく統合させる方法を見出したいという欲求がある。 例 どんなに忙しくても趣味の時間は確保したいと思うので，趣味と実益が一石二鳥になるようなバイト先を探している。	

注：各キャリア・アンカーの内容は，大学生が理解しやすいような定義や例示を筆者が加筆

　　自分に当てはまりそうなキャリア・アンカーはありましたか？　もしかしたら，このチェックリストを自分の将来の職業と結びつけて考えた人もいるかもしれませんが，<u>大学生が職業選択に用いるには早いので，注意が必要です</u>。なぜなら，キャリア・アンカーは仕事経験の積み重ねから形成されるため，経験不十分な状態で決めつけて仕事を限定すると将来の自分の可能性を制約してしまうからです。そこで，大学生のあいだは，自己理解のための参考程度として活用し，そして10年後に再チャレンジしましょう。

　　再チャレンジしたときにこそ，キャリア・アンカーは自分の今後のキャリアの指針になってくれるはずです。

みなさんが社会で活躍するころには，人工知能やロボット，ITの発達などにより，これまでの仕事がなくなり，そして新しい仕事が生まれていることでしょう。外的キャリアとなる表向きの仕事が変化しても，自分らしく仕事をしてゆく内的キャリアを充実させたいと願うようになります。その時こそ自分のキャリア・アンカーと向き合うことの大切さを実感するでしょう。

> **あなたへの質問**
> キャリア・アンカーのエクササイズを通して自分について気づいたことは何ですか？
> _____
> _____
> _____

★★ 4 自分と他者との違いを行動特性から分析してみよう
── DISC

中学生くらいの頃からか，クラスの中で気の合う仲間といつも行動を共にすることがありますね。複数のグループがクラスの中にあって，同じグループのメンバーはなんとなく雰囲気が似ていたりします。気の合う仲間同士なので価値観や行動パターンが似ていて，一緒にいて気が楽だし，話が盛り上がる。ところが，例えば修学旅行の部屋割りで人数の関係から他のグループに混ざることになり，いつものグループとは興味を持つことや動き方が異なり調子が狂ってしまう，そんな状況をイメージしてみましょう。

この，グループによって行動パターンが異なる，ということについて説明をしましょう。アメリカの生理心理学者のマーストン博士は，人間の資質のパターンを4分類にしました。（その後も数多くの研究の積み重ねがあります。）この4分類とは，D（Dominance，主導型），I（Influence，感化型），S（Steadiness，安定型），C（Conscientiousness，慎重型）で，それぞれの頭文字をとってDISCと呼ばれます。

第2章 自己理解

> 図表2-4 行動特性による4分類

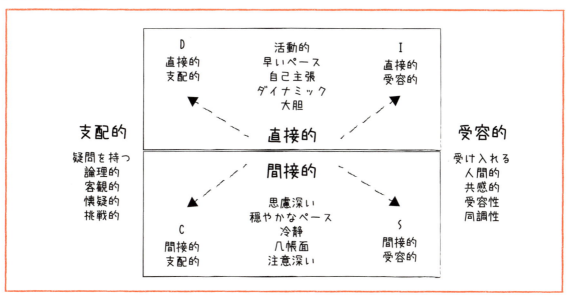

出所：ブランチャード（2009）p.75を元に筆者追記

このDISCのタイプをもう少し具体的に見ると，次のような特徴が見いだせます。

> 図表2-5 DISCの各特徴

Dの高い人	Iの高い人
リーダーシップがある	人を楽しませる
開拓者	相手を納得させる力がある
組織化や体系化をする	相手の意欲をかき立てる
短気，聞き上手ではない	集中力が続かない，詳細が苦手
非効率性や優柔不断にいらだつ	決まった手順や複雑性にいらだつ
自分がコントロールをしたい	自分を認めてもらいたい

Cの高い人	Sの高い人
計画を立てる	聞き上手
系統的に物事を整理できる	チームワークを重んじる
議論をまとめたり，収束させる	最後までやり遂げることができる
完璧主義，批判的	神経過敏，行動まで時間が掛かる
混乱した状態や無秩序にいらだつ	感情への鈍感や冷淡さにいらだつ
自分が正確さを追求したい	自分を受け入れて欲しい

出所：ブランチャード（2009）p.107を元に筆者追記

冒頭で事例にした「クラスの中で似た者同士が集まる」のは，DISCのタイプが似ているからということはありませんか？　そうだとすると，自分と異なるDISCのグループに入ると，違和感がありますよね。

　ここで，DISCを理解するうえで注意すべきことがあります。まず，DISCは血液型のように人々がはっきり4分類されるのではなく，誰もが4つのスタイルをそれなりに持っている融合スタイルだということです。配分が人によって異なりますが，ここでは特徴的な行動パターンを単純化してDISCに分類しています。
　次に重要なことは，DISCのすべてのスタイルに良し悪しはなく，同等の価値がある，ということです。自分とは異なるスタイルは理解が難しいのですが，どのスタイルも同じく価値があり，ただ「違う」というだけです。ですから，スタイルを理由に相手にレッテルを貼ったり，性格を決めつけたり，仲間はずれにしたりしないでくださいね。

　では，同じスタイルの人とばかり付き合うのではなく，スタイルの違う人たちとチームになったとき，「違い」にはどのような効果があるのかをエクササイズで確認していきましょう。

異なるDISCの人との相互理解を深めよう
所要時間：ディスカッション15分，発表とまとめ20分

(1)　**図表2-5**をもとに自己診断をしたら，DISCごとに教室を4分割して席替えをします。
(2)　同じDISCタイプの人と5人程度のグループになり，次のテーマでディスカッションをして発表準備をします。

第 2 章　自己理解

> 　　インターンシップに参加した会社の人事部の人に，「インターンシップに来ている学生諸君（大学混合チーム）で自社の新商品開発の企画提案をしてほしい。ついては君には，グループリーダーを務めてほしい」と言われたとしたら……？
>
> 　　さて，あなたは
> 1．人事部の人に言われた瞬間，どのように思いますか？
> 　　例：なんで私が？　楽しそう！　目立ついい機会だ！　マジ無理，など
> 2．どのような反応や態度を取りますか？
> 　　例：自信なさそうに返事をする，「ゴールイメージを教えてください」と聞く　など
> 3．他大学の人たちと企画会議をどのように進めますか？
> 　　例：過去の類似例を調べる，全員から意見を引き出す，役割分担を決めるなど

（3）　DISCのチームごとに発表します。

（4）　最後の質問です。

> 　　もし，本気で商品開発の企画会議をするとしたら，DISCのうち，どのタイプによるメンバー構成ならヒット商品を生み出せると思いますか？
> 　　全員が同じタイプのほうがよいですか？

あなたへの質問
より良いチームを作るために，自分の強みをどのように活かしますか？
自分とは異なるタイプの人とチームの中でどのように協力し合いますか？

_____
_____
_____

★★★ 5　自分の仕事上の興味はどこにあるのかを知ろう
　　　　——職業興味

　「好きなことを仕事にしよう」という人もいますが，仕事に就いたことがない大学生には何が好きなのかもよくわからない，それが悩みだったりしますよね。日本のように「会社」に入ることを就職とするのではなく，特定の「仕事」に就くことが社会人の定義となる欧米の雇用環境では，自分に合わない仕事が苦痛になった若者が早期に離職をするケースが数多く見られます。そこで，アメリカの心理学者のホランド博士は若者が自分の職業興味の領域を知ることで，職業選択のミスマッチを防ごうと考えました。
　ホランド博士が提示した興味領域は6つあります。

図表2－6　職業興味の六角形モデル

❶現実的興味／Realistic
❷研究的興味／Investigative
❸芸術的興味／Artistic
❹社会的興味／Social
❺企業的興味／Enterprising
❻慣習的興味／Conventional

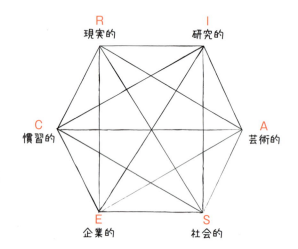

出所：Holland（2013）p.16

　これら6タイプの相互関係を**図表2－6**のように六角形で示すことができ，タイプ間の距離が離れているほど相互の関係が薄いことを示しています。
　ホランド博士が開発したVPI（職業興味検査）では，職業興味を測定するテストを行い，上位3つの職業興味の組み合わせから本人に適した職業を提案しています。でも，日本では「職業」というより「会社」を選択して就職する傾向があり，入社してからも定期的な部門間異動があります。また，人工知能の発達によって将来的になくなる仕事，新たに生まれる仕事があるという見通しもあるため，ここでは職

業選択を目的にするのではなく，自分の職業興味を知るという自己理解の参考にしてみましょう。

エクササイズでは，6つの職業興味を解説していますので自分の興味領域がどれに相当するかを〇△×でチェックしてみましょう。

職業興味から自己理解を深めよう　　　　　　　　　　　　　　所要時間：10分

以下の内容を読んで，各職業興味に対する自分の興味がどの程度なのか〇△×で回答しましょう。

職業興味	内　容	興味 〇△×
❶　現実的興味 Realistic	機械や物体を対象とする具体物で実際的な仕事や活動の領域 ・機械や物に対する関心が強い ・対人的，社会的出来事への関心は乏しい **例** 1人で時計やPCを分解してパーツを取り替えたりするのが好き。	
❷　研究的興味 Investigative	研究や調査のような研究的，探索的な仕事や活動の領域 ・抽象的概念や論理的思考に強い関心を持つ ・物事を1人で成し遂げることを好み，グループでの活動を好まない **例** 疑問に感じたことを曖昧なままにせず，自分なりに情報収集，分析，解釈をして納得したいと思う。	
❸　芸術的興味 Artistic	音楽，芸術，文学等を対象とするような仕事や活動の領域 ・独創性や想像力に恵まれている ・型にはまるのを嫌い，規則や習慣を重視せず，自分の感性や独自性を大切にする **例** 頭や心の中に浮かんできた直感やイメージを大切にして，心に響く表現方法で人に伝えることを重視する。	

❹ 社会的興味 Social	人と接したり，人に奉仕したりする仕事や活動の領域 ・人に教えたり，援助したり，人と一緒に活動するのを好む ・人の気持ちを理解し，敏感に反応することができる 例 友達の表情の変化を敏感に察知して，何か困ったことがないか声を掛け，相談に乗ってあげたいと思う。	
❺ 企業的興味 Enterprising	企画・立案したり，組織の運営や経営等の仕事や活動の領域 ・新しい事業や計画を企画したり，組織づくりをしたり，組織を動かすなどの活動を好む ・他人に従うよりも，自らリーダーシップを発揮して，新しい仕事を開拓していくことを好む 例 サークルやゼミでリーダー的な立ち位置で後輩をまとめたり，グループの方針を決めて実行したりするのが好き。	
❻ 慣習的興味 Conventional	定まった方式や規則，習慣を重視したり，それに従って行うような仕事や活動の領域 ・反復的な事務的色彩の濃い活動などを好む ・几帳面で，粘り強く，また自制心に富んでいる 例 バイト先では，マニュアルどおりに行えばよく，引き継ぎもしっかりあり，一度覚えた仕事は変化なく続けられるような仕事を望んでいる。	

注：各職業興味の内容は大学生が理解しやすいような定義や例示を筆者が加筆

職業興味の相互理解をしてみよう

所要時間：ディスカッション15分，発表とまとめ15分

（1） 5人のグループになります。
（2） 1人ずつ，自分の職業興味の上位3つと，なぜその興味領域を選んだのかを説明しましょう。
（3） 今後の時代変化の中で，それらの職業興味が活かせる仕事にはどのようなものがあるか，自由にアイデアを出し合いましょう。
（4） グループごとに発表します。

第2章　自己理解

あなたへの質問

自分の職業興味を知り，他者の職業興味を聞いて自分の将来の職業について気づいたことは何ですか？

_____
_____
_____

📖 参考文献

- エドガー H. シャイン著　金井壽宏訳（2003）『キャリア・アンカー　自分のほんとうの価値を発見しよう』白桃書房
- ケン・ブランチャード，ドリア・ジガーミ，マイケル・オコーナー，カール・エデバーン著　山村宜子，菅田絢子訳　HRD株式会社監修（2009）『リーダーシップ行動の源泉　DISCとSLⅡによるリーダー能力開発法』ダイヤモンド社
- John L.Holland著　渡辺三枝子，松本純平，道谷里英共訳（2013）『ホランドの職業選択理論―パーソナリティと働く環境』一般社団法人雇用問題研究会
- 諏訪茂樹（1999）『援助者のためのコミュニケーションと人間関係（第2版）』健帛社
- トニー・ブザン，バリー・ブザン著　神田昌典訳（2005）『ザ・マインドマップ　脳の力を強化する思考技術』ダイヤモンド社
- E.H.シャイン，金井壽宏，渡邊三枝子，横山哲夫，木村周，今野能志，小澤康司（2007）『時代を拓くキャリア開発とキャリア・カウンセリング　内的キャリアの意味』特定非営利活動法人日本キャリア・カウンセリング研究会

第 3 章
人間関係とコミュニケーション
——人との関わり合いから創られるキャリア

この章の目的…高校と大学の違いに友達作りがあります。高校のころはクラスがあるので，良くも悪くも一緒に過ごす仲間が固定化されていますし，戻る場所がある状態でした。でも，大学では授業によって教室は変わるし，大学に来なくても教師は自宅に電話をしないし，クラス単位での行事もなく，自分から積極的に部活やサークルなどの活動に加わらないと帰属（所属）する集団を持たない，という特徴があります。ということは，大学生になると，勉強のみならず日常生活も自立して生きていく環境になるのです。この違いにとまどい，馴染むのに時間がかかり，特に友達作りや人間関係に悩んだりすることが大学 1 年生では見受けられます。

また，大学 3，4 年生になると大学生活よりも就職活動で孤独な気持ちに陥りやすくなります。就職活動は大学受験のように偏差値で表すことができないものなので，合格圏内といった指標もなく，友達と一緒に過去問を勉強する，というわけにもいかないからです。そして面接では，自分のどこをどのように評価されているのかもわからず合否が下されるのですから，精神的に消耗します。

こうした状況の中で救いになるのが，他者との関係性を構築する力です。みなさんのキャリアはまだ始まったばかりですが，これから将来にわたってコミュニケーションの力は豊かなキャリアを積み重ねていく土台になっていきます。

そこで，この章では「**相手を尊重し，そして私の意見や感情もうまく相手に伝える**」にはどうしたらよいかを説明します。つい感情的に相手を攻撃してしまったり，逆に遠慮して言いたいことが言えずに我慢し続けたりすると，ストレスが溜まりますよね。そうしたコミュニケーションのスタイルになるのは，自分の物事の考え方に起因しているかもしれません。そこで「**非合理的な思い込みが自分を追い込んでいないか**」を確認してみましょう。また，「**自分のキャリアに影響を与える人との出会い**」は重要です。皆さんに機会を与えてくれたり，精神的な支援をしてくれる人がいるからこそ，見えない未来に向かって一歩踏み出せるのです。それでも，物事は連戦連勝というわけにはいかず，時にはへこむこともあるでしょう。その時には「**落ち込んでもしなやかに立ち直る力**」（レジリエンス）があれば，転んでも立ち上がれるし，前に進むこともできます。

人間関係に悩み，そして人間関係に救われながら，「私」自身を作り上げていく過程，それもキャリア構築の一部といえるでしょう。

1　相手を尊重し，私の意見や感情も　うまく相手に伝えたい——アサーション

　　SNSのアプリケーション上では絵文字やスタンプが大活躍してくれるので，自分の意見や感情もネット上でやんわり表現することができるかもしれません。でも，実際にいざ相手と対面して自分の考えや思いを伝えようとすると，表現に困ってしまうことがありませんか？　相手を傷つけてはいけないし，かといって自分の意見を押し殺したくない……。こんな状況のとき，大きく3つの表現スタイルに分けることができます。

　　1つめが自分のことだけを考え他者の意見や存在を踏みにじってしまうスタイル。これが攻撃的です。2つめが自分よりも他者を優先して自分の主張を押し殺してしまうスタイル。これを非主張的といいます。そして3つめが自分のことを大切にしつつ，他者にも配慮をするスタイル。これがアサーティブです。

図表3－1　アサーティブなコミュニケーション

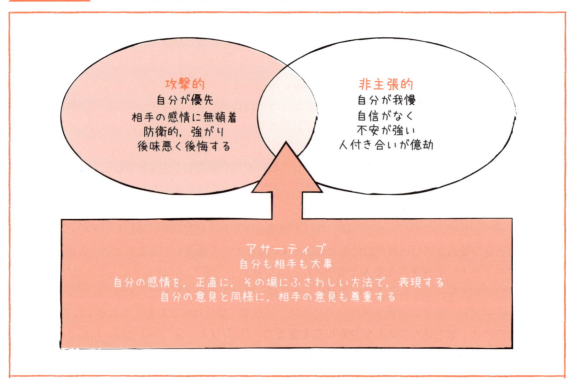

攻撃的な表現スタイルでは，自分の意見をはっきり主張することで自分の権利を守っているので自分に対して正直だと言えるのですが，他者の意見や感情を否定，無視する姿勢は自分の意見のゴリ押しになり，他者を尊重していません。そのような態度を取ると，相手との距離ができてしまったり，自分も後味が悪くなったりして，結局関係性が長続きしなくなりますから困りものです。

　他方，非主張的な表現スタイルでは，自分の意見や感情を表現することを我慢して，あいまいな言い方や消極的な態度を取ります。他者を立てているように見えますが，自信のなさや卑屈な思いがその背後にあるので，そのうちに人付き合いが面倒になってきてしまうので，他者との長期的な信頼関係にはつながらないですよね。

　どちらのスタイルにしても，自分と他者との関係の中で，Win（勝ち）-Lose（負け）かLose-Winという状態になるのです。そこで，これをWin-Winにしましょう，というのがアサーティブな表現スタイルなのです。

　アサーティブとは，自分も相手も大事にする，という自己表現のことをいいます。自分の考えや感情をその場にふさわしい方法で表現しますし，相手の考えや感情も同様に表現してほしいと考えて，相手の主張も尊重します。相手には相手の主張があることはもっともだ，という理解があり，かつ，自分は自分の主張をする権利がある，という姿勢なのです。

　人間関係は何かと難しいですよね。自分とは異なる性格や世界観の人たちとコミュニケーションを取ろうとすると，「あれ？　私の常識と違う……」ととまどうことは，社会生活の中でたくさん遭遇します。社会人になれば世代の違う人と関わりますから，人間関係はより複雑になります。コミュニケーションの基本は「聴く」と「伝える」です。「聴く」ことは「傾聴」というスキルになります（第6章「グループディスカッションのスキル」参照）。そして，「伝える」ことがこのアサーションのスキルです。

　具体的にはどのような表現なのか，エクササイズを通して確認してみましょう。

図表3-2 傾聴とアサーション

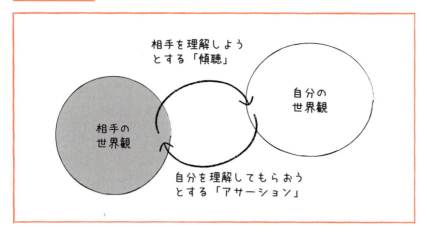

 あなたのアサーション度はどのぐらい？

所要時間：5分

（1）　下記のチェックリスト［1］とチェックリスト［2］の両方について、「はい」の場合は○を、「いいえ」の場合は✕をチェック欄に記入します。
（2）　次に○と記入した項目の中で、相手に対して否定的な感情があったり、怒りを攻撃的に表現したもの、あるいは相手の無視する意図が潜んでいるものがあれば、◎にします。

チェックリスト［1］自分から働きかける言動		チェック欄 ○◎✕
1	あなたは、誰かにいい感じを持ったとき、その気持ちを表現できますか？	
2	あなたは、自分の長所や、なしとげたことを人に言うことができますか？	
3	あなたは、自分が神経質になっていたり、緊張しているとき、それを受け入れることができますか？	
4	あなたは、見知らぬ人たちの会話の中に、気軽に入っていくことができますか？	
5	あなたは、会話の場から立ち去ったり、別れを言ったりすることができますか？	

第3章 人間関係とコミュニケーション

6	あなたは，自分が知らないことや，わからないことがあったとき，そのことについて説明を求めることができますか？	
7	あなたは，人に援助を求めることができますか？	
8	あなたが人と異なった意見や感じを持っているとき，それを表現することができますか？	
9	あなたは，自分が間違っているとき，それを認めることができますか？	
10	あなたは，適切な批判を述べることができますか？	

チェックリスト［2］人に対応する言動		チェック欄 ○◎×
1	人から誉められたとき，素直に対応できますか？	
2	あなたの行為を批判されたとき，受け応えができますか？	
3	あなたに対する不当な要求を拒むことができますか？	
4	長電話や長話のとき，あなたは自分から切る提案をすることができますか？	
5	あなたの話を中断して話し出した人に，そのことを言えますか？	
6	あなたはパーティーや催し物への招待を，受けたり，断ったりできますか？	
7	押し売りを断れますか？	
8	あなたが注文した通りのもの（料理や洋服など）が来なかったとき，そのことを言って交渉できますか？	
9	あなたに対する人の好意がわずらわしいとき，断ることができますか？	
10	あなたが援助や助言を求められたとき，必要であれば断ることができますか？	

出所：平木（2009）pp.13-14

○ はアサーションができているものです。
◎ はアサーションではなく、相手への配慮に欠ける言動です。
× はアサーションではなく、自分のことを上手く表現できていないものです。

みなさんのアサーション度を示す○の数はいくつありましたか？ 10個以上が目安ですが、意識して練習すればアサーティブな表現は身についていきます。

\エクササイズ/
❷
アサーティブな表現の練習
所要時間：ディスカッション15分，発表と解説15分

(1) 3〜4人でグループになります。
(2) 次のような状況のときに、どのようにアサーティブに表現したらよいか相談して、発表してください。

① 大学で知り合ったばかりの友達に、貸したノートを返してほしい。
② サークルの先輩に、懇親会の出欠を早く回答してほしい。
③ 親に、大学生活のことを心配しすぎないでほしい。

\エクササイズ/
❸
アサーティブな表現の特徴
所要時間：10分，解説15分

(1) 3人一組になります（A, B, C）。
(2) AさんはBさんにご自身の意見を主張してください。
　　例：「学生時代に留学すべきだ」「学園祭は不要だ」
(3) Bさんは、Aさんの意見に「反対意見」を述べてください。
　　例：「個人の自由だ」「学園祭は仲間づくりに重要だ」
(4) 3分間続けます。
(5) Cさんは、2人の会話を「攻撃的」「アサーティブ」「非主張的」のどれに近いかを「2人が口にしたキーワード」をメモしながら聞いていてください。
(6) 3分経過したら、Cさんは2人の会話のどこが特徴的だったかをフィードバックしてあげてください。

▶ エクササイズ❷❸の解説 ◀

エクササイズ❷❸では，どのような表現が考えられましたか？ 日本語には多くの丁寧な表現があるのでさまざまな言い方が考えられますよね。でも，アサーティブな表現はただ「丁寧」なのではなく，自分の感情や考えを相手に不快な思いをさせずに伝える，という点が重要になってきます。これまでの授業で学生が答えてくれたアサーティブな表現を，攻撃的と非主張的な表現と比べながらご紹介しますが，他にもたくさんのバリエーションをみなさんで考えてくださいね。

〈1〉大学で知り合ったばかりの友達に，貸したノートを返してほしい		
▶ 攻撃的	▶ アサーティブ	▶ 非主張的
「いい加減に返せよ」と怒りの感情をぶつける	「勉強はかどっている？ テストが近いから私も見返したいのだけど，一緒に内容確認しようか？」と，相手を責めずに自分の気持ちを伝える	自分も困るが「いつでもいいよ」と言ってしまう
〈2〉サークルの先輩に，懇親会の出欠を早く回答してほしい		
▶ 攻撃的	▶ アサーティブ	▶ 非主張的
「先輩，こっちも会場手配があるので困るんですよ」と自分の感情をぶつける	「先輩にはぜひ来ていただきたいのですが，店との調整もあるので，ご協力いただけますか？」と，相手を責めずに自分の気持ちを伝える	「あの〜，お忙しいですよね」と切り出せない
〈3〉親に，大学生活のことを心配しすぎないでほしい		
▶ 攻撃的	▶ アサーティブ	▶ 非主張的
「子ども扱いするなよ」と怒りの感情をぶつける	「心配してくれてありがとう。でも自分なりに自立していきたいと思っているので，しばらく見守っていてほしいな」「困ったことがあったら相談するね」と，相手を責めずに自分の気持ちを伝える	イライラしても我慢する

エクササイズ❸では，会話の中でどのような言い方が攻撃的に，あるいはアサーティブに聞こえるのか，ということを体感します。日常会話では自分の癖が出やすいので，ロールプレイを通して自分の癖に気づきましょう，という練習です。以下も学生が授業の中で気づいた点ですので，アサーティブに聞こえる会話の参考にしてください。

〈攻撃的な会話の特徴〉
- すぐに「でも」「違うよ」と反論する
- 相手の意見の中から，言葉尻を捉えて反論すると攻撃的に聞こえる
- 片方が攻撃的だともう片方が受け身になり口数が減るため会話が一方的になる

〈アサーティブな会話の特徴〉
- 相手の主張に対して完全に否定せず，自分の中でもいったん受け入れて解釈してから自分の意見を言う
- 「たしかに」「なるほど」などの相手を認める言葉をまず言う
- 相手の意見を聞いたときに，なぜ，と尋ねて相手の意見に関心を持つ

ところで，アサーションとキャリア・デザインがどのように関係しているか疑問に思う人もいるかもしれません。アサーションを日本で広めた第一人者である元日本女子大学の平木典子教授と組織行動論の学者で人事部の実務家にも広く知られている神戸大学の金井壽宏教授との共著では，「アサーションは自分の思いをありのまま表現し，他者とのかかわりの中でその意味を確かめ，他者とともに生きる道を探ろうとすること」（『ビジネスパーソンのためのアサーション入門』p.36）と述べています。キャリアは，自分1人で築けるものではありません。他者や社会との関わりとの相互作用の中で発達していきます。攻撃的や非主張的なコミュニケーションをしていると，相互作用が起きませんよね。つまり，あなたの豊かなキャリアを築くうえで，アサーションのスキルはとても役立つのです。

あなたへの質問
明日から，どのような場面でアサーティブな表現を試してみますか？
アサーションはあなたのキャリアにどのように影響するでしょうか？

2 非合理的な思い込みが自分を追い込んでいませんか？
──A-B-C-D理論

　前節のアサーションの解説で攻撃的と非主張的な表現スタイルは，他者との長期的な人間関係が築けないので自分自身も孤独になりがち，と説明しました。でも，アサーションの練習をしてもどうしてもうまく表現ができない，ということがあります。その場合は，物事の考え方，捉え方が強く影響している可能性があります。

　心理学では，人間の物事の捉え方や考え方が態度や言動に影響する，と考えますので，アサーティブな表現ができるようになるためには，考え方そのものを見直してみると良い，ということなのです。

　みなさんは自分の口癖に「〜するべきだ」「〜すべきではない」や「〜に決まっている」といった断言する表現が使われることが多いですか？　それが強すぎることが「攻撃的」「非主張的」な表現（行動）になっているかもしれません。たとえば，エクササイズ❷で行った3つの事例で考えてみましょう。

① **大学で知り合ったばかりの友達に，貸したノートを返してほしい**

　このときに，「せっかく友達になったのなら，嫌われたくない，友達に絶対に嫌われてはいけない」という考えがよぎったとしたら，「ノートを返して，と言ったら嫌われるかも」と思って「いつまでも使っていいよ」と非主張的な表現になってしまいます。

② **サークルの先輩に，懇親会の出欠を早く回答してほしい**

　このケースでは「先輩なら後輩の苦労を知っているはずなので，後輩の立場を思いやってすぐに返事をするべきだ」という考えがあると，「先輩，こっちも困るんですよ」と攻撃的な表現になります。

③ **親に，大学生活のことを心配しすぎないでほしい**

　このケースでも「親は子供の成長に応じて接し方を変えるべきだろう。もう大学生なんだからもっと自立を促すべきだ」という思考があると，「いつまでも子ども扱いするなよ」と遠慮なく親に攻撃的に反抗したりします。

　どうでしょう？　思い当たる節はありませんか？　次の表は，攻撃的，アサーティブ，非主張的な思考の比較一覧です。

攻撃的	アサーティブ	非主張的
私の判断は正しい。	私にとって新しいチャレンジだ。まずは試してみよう。	私にはできない。
私ではなく相手が私の望むとおりに行うべきだ。	私にとってやらないほうがいいだろう。	私はそれをしてはいけない。
私が相手にやらせるべきだ。	私にとってやったほうがいいだろう。	私がやるべきだ。
私は素晴らしい。相手は駄目だ。	私の価値はひどく高いわけでも低いわけでもない。	私はだめな人間だ。
自分以外の意見は最低だ。	誰でも自分の意見があり，意見が異なったときは解決することができる。	相手の意見が正しい。
物事が私の望んでいるように運ばないのは最低だ。	物事を私の望んでいるように進めたいが，必要なら譲歩できる。	物事が私の望んでいるように運ばないのは最低だ。

出所：菅沼・牧田（2004）p.34より一部引用，改変

　でも，「思考」というのは長い時間をかけてできあがってきたものですから，そうそう簡単に変えることは難しいですよね。また，程度には個人差があって極端に強く出ていなければ大きな支障にはなりません。ただ，自分でも思考を少し柔らかくしたいと思っているのでしたら，アメリカの心理療法学者であるエリス博士が提唱するA-B-C-D理論が役に立つでしょう。

　このA-B-C-D理論は，次の言葉の頭文字を取っています。
　A（Activating Event）：ものごとを引き起こす出来事
　B（Belief）：信念，思い込み
　C（Consequence）：結果，行動，悩み，症状など
　D（Dispute）：反証，論駁

第3章 人間関係とコミュニケーション

図表3-3 A-B-C-D理論（論理療法）

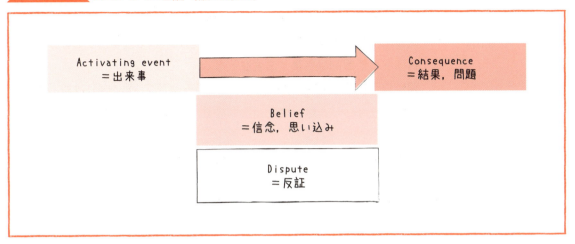

　ここで、重要なのがD＝反証です。「本当にそれは正しいの？」と自分の思い込みに対して自問自答をしてみましょう、ということです。先ほどの3つの事例で解説します。

① 大学で知り合ったばかりの友達に、貸したノートを返してほしい
　A ＝ ノートを返してもらえない。
　B ＝ 私は嫌われてはいけない。
　C ＝ ノート返して、と言えない。
　D ＝ 正直に「返して」と言ったら本当に嫌われるのかしら？　私はすべての人類から愛されなければならないの？　正直に言ったことを受け止めてくれる人と友達になればいい。

② サークルの先輩に、懇親会の出欠を早く回答してほしい
　A ＝ 先輩から返事が来ない。
　B ＝ 自分の思いどおりに物事が進まないのは最悪だ。
　C ＝ 先輩を責める。
　D ＝ 自分が世界の中心にいて人々の動きを全てコントロールできるのだろうか？　世の中の人は自分の都合で生きているのだから、物事が思いどおりにいかないなんて当たり前だろう。

③ 親に，大学生活のことを心配しすぎないでほしい
　A ＝ 親に大学生活を根掘り葉掘り聞かれる。
　B ＝ 自分に対して不愉快な思いをさせた相手に対しては報復するのが当然だ。
　C ＝ 遠慮なく攻撃的な言葉や態度をとる。
　D ＝ 親は自分に悪意のある非道な人なのだろうか？　逆に自分は親に不快な思いをさせたことは一度たりともなかったのだろうか？

　このB（信念）に相当するものが，かなり極端に聞こえるかもしれませんが「非合理的な思い込み」というものです。この程度が強いときに，「本当に？」とD（反証）することで考え方を少し柔軟にすることができるのです。それでは，エクササイズをしてみましょう。

非合理的な思い込み度のチェック

所要時間：2分

　自分の中の非合理的な思い込みがどの程度あるのか，チェックしてみましょう。点数の欄には5段階で評価して数値を記入してみましょう。

非常にあてはまる（5点），かなり当てはまる（4点），どちらとも言えない（3点），あまり当てはまらない（2点），全く当てはまらない（1点）

チェックリスト　日頃の考え方		点数
1	自分のすることは，誰からも認められなければならない	
2	人は常に有能で，適性があり，実績を上げなければならない	
3	人の行いを改めさせるには，かなりの時間とエネルギーを費やさねばならない	
4	人を傷つけるのは非常に悪いことだ	

第3章 人間関係とコミュニケーション

5	危険や害がありそうなときは，深刻に心配するものだ	
6	人は誰からも好かれなくてはならない	
7	どんな仕事でも，やるからには十分に，完全にやらなくてはならない	
8	人が失敗したり，愚かなことをしたとき，頭にくるのは当然だ	
9	人が間違いや悪いことをしたら，非難すべきだ	
10	危険が起こりそうなとき，心配すれば，それを避けたり，被害を軽くしたりできる	

出所：平木（2009）p.81

　　　結果はいかがでしたか？ 点数が高いほうが非合理的な考え方が強いといえますが，その内容が設問によって異なります。

- 設問の1と6の非合理的な思い込みは愛情欲求を示しています。もちろん，嫌われるよりも好かれたほうが嬉しいのですが，全人類から好かれようと思っても無理ですよね。
- 設問の2と7は完璧主義を表しています。過去の失敗経験からこうした考えが生まれたのかもしれません。でも，多くの場合失敗から学んで上達するのですから，失敗を恐れずにやりたいことをやって，うまくできたら褒めてあげよう，くらいの反証がちょうどいいのではないでしょうか。
- 設問の3と8は自分の思いどおりに物事が進まない欲求不満による非合理的な考えです。ただ，ここで怒りを表出させたら物事は改善するのでしょうか？ より状況が悪くなって欲求不満が増大してしまいますよね。もともと，物事，とくに他者が関わることは自分の思いどおりにはいかないのですから，イライラするより，状況を改善する方法を考えることにエネルギーを使ったほうが生産的ですよね。
- 設問の4と9は子供のころから教えられてきた倫理的な考えのように見えます。ただ，この思い込みが強すぎると，自分自身の言動に細心の注意を払っているからこそ，そうではない人に対して非難や攻撃の思いが浮かびます。では，本当に自分は誰も傷つけないで生きてきたのでしょうか？ 無意識であっても，どこか

で，誰かを自分も傷つけることだってあり得る，という自覚も必要なのです。
● 設問の5と10は不安に対するコントロールに関する非合理的な考え方です。危機がやってきたときに，最悪の事態を想定して不安になると，ますます最悪の事態を回避する方法が浮かばずに不安になってしまうのです。自分は「無力でどうしようもない存在」なのではなく，「不安を少しでも軽減できる存在」なのだと反証して，不安をコントロールして危機を乗り越える能力を引き出しましょう。

自分の非合理的な思い込みを反証してみよう

所要時間：5分

あなたが現在抱えているストレスや不愉快な出来事を1つ思い出して，A-B-C-Dの順番で書き出してみましょう。

A　ストレスや不愉快な出来事

———

B　ストレスを生み出している自分の考え方や信念

———

C　そのストレスはどのような問題や症状を引き起こしていますか？

———

D　自分の考え方に「非合理的な思い込み」がないかどうか確認しましょう。
　　もし非合理的な点があれば，それに対して反証してみてください。

———

第3章 人間関係とコミュニケーション

> **あなたへの質問**
> 非合理的な思い込みに対する反証によって自己理解につながったり，物事の見方が変わったりしたことは何ですか？
>
> ＿＿＿＿＿＿＿＿＿＿＿＿＿＿＿＿＿＿＿＿＿＿＿＿＿＿＿＿＿＿＿
> ＿＿＿＿＿＿＿＿＿＿＿＿＿＿＿＿＿＿＿＿＿＿＿＿＿＿＿＿＿＿＿
> ＿＿＿＿＿＿＿＿＿＿＿＿＿＿＿＿＿＿＿＿＿＿＿＿＿＿＿＿＿＿＿

★★ 3　自分のキャリアに影響を与える人との出会い
――メンター

　みなさんはこれまでの経験の中で「あの人のおかげで私は成長した」という人との出会いはありましたか？　保健室の先生かもしれないし，部活のOB・OGかもしれませんね。キャリアを積み重ねていく過程で出会う人が自分に将来の指針を与えてくれたり，機会を与えてくれたりすることがあります。アメリカの組織行動学者であるクラム博士は，個人のキャリア発達を支援する行動をメンタリングとして定義し，2つの要素を挙げました。

1. **キャリア支援の機能**：仕事や組織への推薦や紹介によって機会を設ける，順調に仕事がこなせるようにコーチングをするなど，本人の目標達成のために直接的な支援をする機能
2. **心理・社会的な機能**：その人の存在そのものが将来自分のなりたい憧れの姿である，行きづまったときに相談にのってもらえるなど，本人が自分らしさを獲得する過程での心理的支柱となる機能

　こういう役割を果たしてくれる人のことをメンターと呼びます。キャリアの成長発達には欠かせない重要な存在となるため，最近では会社組織の中で直属の上司以外に社内で相談できる立ち位置のメンターと若手社員とのペアを組ませる「メンター制度」を取り入れている会社もあります。
　でも，メンターは人から与えられるのを待つのではなく，自分から出会える機会を作ることも大事です。制度がなかったとしても，キャリアを充実させてきた人達は共通してメンターの存在を口にしています。言い換えると，自分でメンターを見

つける能力がキャリア・デザインに求められるのです。

　学生のみなさんも，学内だけに留まらず，積極的に趣味やコミュニティなどで社会人との接点を作り，メンターに出会える工夫をしてみましょう。また，意外と身近なご両親や親戚の方もメンターかもしません。

　そこで，エクササイズ❻では，みなさんが自分のメンターだと思える方に「仕事」についてインタビューをしてみます。身近に接している方の仕事をこれまで聞く機会がなかった人には，新たな発見があるかもしませんね。

メンターインタビュー

所要時間：グループディスカッション15分，発表とまとめ15分
（メンターへのインタビューと記入を含めずに）

（1）　自分の「メンター」だと思える社会人にインタビューします。
（2）　質問の3は独自の質問項目を考えます。
（3）　数名でグループになり，お互いのインタビュー結果を共有しましょう。
（4）　みなさんのメンターに共通していた，仕事に向き合う「姿勢」は何でしたか？

質問1．仕事の内容を教えてください。

第3章　人間関係とコミュニケーション

質問2．ご自分の仕事が社会に貢献していると感じるのはどのような時ですか？

質問3．

あなたへの質問
インタビューによってあなたがメンターから学んだことは何ですか？
メンターに共通していた「姿勢」は何ですか？

_____
_____
_____

4 落ち込んでもしなやかに立ち直る力
──レジリエンス

　これまで何度となく「あ〜，もうダメだ」と思うような失敗や挫折を味わったことがありませんか？ 試合で負ける，試験で結果が出ない，そして失恋もそうですね。もしかしたら，今がその最中かもしません。そんな時には，自分がぺちゃんこに潰れた気持ちになります。それでも，なんとか這い上がっていく力を人間が持っているというのは凄いことです。ライフラインを第1章で書いてもらいましたが，中心線より下のところから，上がっていく，あの立ち直っていく力をレジリエンスといいます。

　筑波大学名誉教授の小玉正博氏はレジリエンスを「回復する力」と「心が折れない力」の2つの側面があると説明しています（小玉，2014）。失敗や困難があると確かに心に負荷がかかって折れ曲がっていきます。でも，ポキっと折れない竹のような「しなやかさ」があれば，元のように回復するというものです。変化やストレスの多い現代では，落ち込んでしまうような出来事を完全に避けて生きてはいけないので，一度へこんでも立ち直る力が大事でしょう，ということでレジリエンスが注目されているのです。

　注目すべきは，レジリエンスは「性格などの個人特性ではなく，人々の行動や思考，行為に普遍的に含まれ，誰もが学習することが可能であり，発展させることができる」（アメリカ心理学会による定義）ことです。そう，レジリエンス力は高めていけるのです。

　レジリエンス力の要素には様々な研究がありますが，以下4つの観点から解説をしましょう。

1　感情のコントロールができる

　強い感情を表に出さずに自分の中で処理するのは難しいことですよね。でも，自分のことを客観視することで感情のコントロールがしやすくなります。「木を見て森を見ず」ということわざがありますが，自分を木だと思い，自分を取り巻く木々や森の中での自分の立ち位置や考え方を遠くから見る（俯瞰的）イメージですね。

　「私は失敗して落ち込んでいる」という状態のときに「私はもう破滅だ」と自分の内側の感情に飲み込まれるのではなく，「今回のチャレンジに関しては，当初予定していた目標に達成できなかった私がいる」と，少し自分に対して距離を置いてみることです。

第3章 人間関係とコミュニケーション

2 柔軟でポジティブな考え方ができる

本章第2節の非合理的な思い込みと類似するのですが,「失敗は許されない」「自分の思いどおりに物事を動かしたい」「最悪の事態がきっと起きるに違いない」といった硬直した考え方をしていると,立ち直るための打開策が見つからなくなってしまいます。

また,物事の悪い側面にばかり注目するとネガティブ・ループから抜け出せなくなるので,ポジティブな側面を捉えて言い換えてみましょう。

先ほどの例に続けてみると,「挽回のチャンスがまだあるはず。災い転じて福となす,とするにはどうしたらいいのだろう。それに,今回は目標達成には届かなくても9割まではたどり着けたのだから,あと1割だ。不足していたところを次のチャレンジに繋げるために,今は何をしよう」というように,代替案を考えたり,達成可能な目標に落とし込んだりすると,勇気ある一歩を踏み出すことができます。

3 自分で自分を信じることができる

自分に自信がない,と思っている人は多いのではないでしょうか。そんなに自慢できるほどの経験も実績もないし,と。でも,自分を信じる,というのは,派手な成功でなくても全く構わないのです。誰かのために何かをして喜んでもらったことはないですか？ 自分の中でこっそりご褒美をあげたいくらい頑張ったことはないですか？ あるいは,「いま,生きている」というだけでも自分に自信をもっていいのです。「カッコ悪いところのある自分を受け入れて生きる」というだけでも,大変パワーがいることです。人と比べて,ではなく,自分の中で「私は私である」ことを信じてください。

4 豊かな人間関係を築くことができる

苦境に立たされたときに相談できる人,励ましてくれる人,実際に助け舟を出してくれる人が立ち直りのきっかけになります。では,そういう人間関係を日ごろから築くためには何が必要か,それがこの第3章で扱ってきた,自分も相手も大事にするアサーションの精神や傾聴（第6章）,そして自分のメンターを見つけることです。キャリアの構築には何よりも人間関係とコミュニケーションが土台になります。

どうでしょうか。第3章で扱ってきたテーマがこれで一周しましたね。自分の非合理的な思い込みを見直して,日ごろから自分も他者も尊重するコミュニケーショ

ンを心がけ，メンターを味方に付けていれば，逆境で落ち込んだときもレジリエンス力を身に付けているので回復しやすくなります。だから，キャリアが順調に進まないときも，投げ出さず，諦めず，自分の内的キャリアの方角に向かって進んで行けるのです。

では，エクササイズでレジリエンス力のチェックをした後に，あなたが現在抱えている難題の解決をレジリエンスで考えていきましょう。

エクササイズ ❼ レジリエンス度のチェック

所要時間：3分

自分のレジリエンス度をチェックします。右側の点数の欄には自分がどの程度同意するか，7段階から自分の感覚にもっともよく当てはまる数字を選んで記入してください。

全く同意しない	同意しない	あまり同意しない	どちらともいえない	ほんの少し同意する	同意する	強く同意する
1	2	3	4	5	6	7

1. 私は，計画を立てたときはそれをしっかり実行できるようフォローする	
2. 私は通常，最初の方法でうまくいかなければ，別の方法で対応する	
3. 私は，他人よりも自分自身を信じることができる（頼りにできる）	
4. 私は，ものごとに関心を持ち続けることが大事だと思っている	
5. 私は，1人でものごとに対処しなければならない状況でも対応できる	
6. 私は，これまでの人生で成し遂げたことに誇りを感じる	
7. 私は，ものごとは簡単に成し遂げられるものだと普段考えている	
8. 私は，自分自身のことが好きである	
9. 私は，一度にたくさんのことに対処できると感じている	
10. 私は，信念が強いほうだ	
11. 私は，ものごとについて過度に悩むことはほとんどない	
12. 私は，ものごとを1日で一度に片づけてしまうことがある	
13. 私は困難に直面した経験があるので，困難を乗り越えることができる	

14. 私は，自分で決めたことはやり抜くことができる	
15. 私は，ものごとへの関心を持続できる	
16. 私は，たいていの出来事に対して，笑えるような点を見つけ出せる	
17. 私は，私自身への信念の力によって困難を乗り越えることができる	
18. 私は，緊急事態の際に頼りにされる	
19. 私は普段，状況をさまざまな角度から見ている	
20. 私は時々，自分がやりたいかにかかわらずものごとを行っている	
21. 私は，自分の人生には意味があると思う	
22. 私は，自分の力が及ばないことについては，くよくよ悩まない	
23. 私は，困難な状況に陥っても，たいてい自分で解決策を見つけられる	
24. 私には，なすべきことをするのに十分なエネルギーがある	
25. 私を嫌いな人間がいたとしても気にならない	
合計点	

出所：下野（2016）p.99

合計点は何点でしたか？ 点数が高いほうがレジリエンス度は高くなり，人生満足度やモチベーションと相関があるとされています。

エクササイズ ❽
レジリエンスで乗り切る
所要時間：10分

あなたが現在抱えている（あるいは過去に経験した）逆境や落ち込みの出来事について，レジリエンスを参考にして立ち直るきっかけを見つけ出しましょう

（1） 逆境や落ち込みをもたらしている出来事は何ですか？

（2） 自分を俯瞰的に見る言葉を書いてみましょう。

(3) 柔軟でポジティブに捉え直す表現をしてみましょう。
_____

(4) 「自分なら乗り越えられる」と思えるような自己暗示の言葉を書いてみましょう。
_____

(5) 自分の周囲の人たちを思い浮かべて，相談できる人の名前を書いてみましょう。
_____

> **あなたへの質問**
> レジリエンスの力をつけるために，学生時代にできることは何ですか？
> _____
> _____
> _____

　　レジリエンス力を高めることでストレスへの耐性は強くなりますが，それでも限界はあります。もし，とても辛く苦しい状態が長く続くようでしたら大学のカウンセリング・ルーム等に遠慮せずに足を向けてみましょう。専門家が話を聴いてくれるはずです。

参考文献

- A.エリス，R.A.ハーパー著　北見芳雄監修　國分康孝，伊藤順康訳（1981）『論理療法　自己説得のサイコセラピイ』川島書店
- 小玉正博（2014）『ヘコんでも折れないレジリエンス思考』河出書房新社
- 下野淳子（2016）『メンタル・タフネス　はたらく人の折れない心の育て方』経団連出版
- 菅沼憲治，牧田光代（2004）『実践セルフアサーショントレーニング』東京図書
- 平木典子（2007）『自分の気持ちをきちんと＜伝える＞技術』　PHP研究所
- 平木典子（2009）『改訂版　アサーション・トレーニング　さわやかな＜自己表現＞のために』金子書房
- 平木典子，金井壽宏（2016）『ビジネスパーソンのためのアサーション入門』金剛出版
- 渡辺三枝子，平田史昭（2006）『メンタリング入門』日経文庫

第4章
組織と仕事

この章の目的…この章では，みなさんがこれから歩み進むであろう「職業社会への移行」について考えてみましょう。「学校から仕事・社会への移行」のことをtransition from school to work（略してSTW）といいます。みなさんにとっては，これまでの人生における最も大きな移行であり，変化であるという方も多いと思います。一方で，そこにはどんな魑魅魍魎が跋扈しているのか，どんなルールが存在する世界なのかがよくわからないと感じていることでしょう。それだけに，むやみに不安になったり，「そんな世界には行きたくない」と思ったり，「できれば働かずに済むような方策がないものか」と夢想してみたり，はたまた「会社に就職したらこの世は真っ暗」とあきらめを決めこんだりしている方がいるかもしれません。

でも，ちょっと待ってください。これまでもみなさんはさまざまな未知の世界に飛び込んできましたね。保育園・幼稚園から小学校へ，中学から高校へ，そして最近では高校から（人によっては予備校経由で）専門学校や大学へと果敢に未知の世界に挑戦し，その都度なんとかうまくやってきたように思います。ただ，ニュースで不祥事を起こした企業の幹部が頭を下げている映像を観るたびに，これから進む「社会」についてのリアルな情報が足りないこともあって，少なくとも「ワクワク希望が湧いてくる場所ではなさそうな気分」になるのかもしれません。

本章では，そんなみなさんと「ワクワク希望が湧いてくる場所」としての職業世界（主として民間企業を想定しています）について，学んでいきたいと思います。

企業で働いている人たちの多くは，その持てる能力を存分に発揮しながら日々創意工夫を重ね，悪戦苦闘をしているのです。あなたもその一員として，一緒に汗をかけるよう，企業のことを学んでみましょう。

★★★ 1　経営理念・ビジョン・戦略

▶経営理念の事例

まずは実際の経営理念がどのようなものか，見てみましょう。ここでは，みなさんにとっても身近な日本の携帯電話業界を事例として取り上げます。代表的な3社のホームページから，各社の経営理念（企業理念）を比較してみたいと思います。

> NTTドコモ：私たちは「新しいコミュニケーション文化の世界の創造」に向けて，個人の能力を最大限に生かし，お客さまに心から満足していただける，よりパーソナルなコミュニケーションの確立をめざします。

> KDDI：KDDIグループは，全従業員の物心両面の幸福を追求すると同時に，お客様の期待を超える感動をお届けすることにより，豊かなコミュニケーション社会の発展に貢献します。

> ソフトバンク：（経営理念）情報革命で人々を幸せに
> 　　　　　　　（ビジョン）世界の人々から最も必要とされる企業グループ
> 　　　　　　　（バリュー）努力って，楽しい。

いかがでしたか。みなさんはどのような感想をもったでしょうか。「かなり大きな将来像を描いているな」と感じた方もいるのではないでしょうか。同じ業界にあっても，各社それぞれの特徴がよく表れているものが，この経営理念であるといえるでしょう。

▶ 経営理念とは

それでは経営理念とはどのようなものでしょうか。経営理念とは，「事業遂行における基本的価値観と目的意識」です。自社の社会における存在意義を社内外に示すものであり，簡単に言えば，「われわれは，何のためにこの事業をやるのか？」を表したものといえるでしょう。

ですから，ビッグ・ピクチャー（大局）をあらわすような表現となりますし，お客様や取引先，株主，従業員などのステークホルダー（利害関係者）が読んでも理解しやすく，共感を得られやすく，そして「その旗の下に一致団結していこう」と思ってもらえるような内容となるわけです。

経営理念を次の3つに分ける考え方もあります。
- ミッション：使命
- ビジョン：志，展望
- バリュー：価値観

次に紹介する電子機器等のメーカーである京セラ株式会社の経営理念は，「経営理念が見つからない場合は，これを経営理念にすればいい，といわれるほど本質的なもの」とされています。

> 全従業員の物心両面の幸福を追求すると同時に，人類，社会の進歩発展に貢献すること。

　また，優れた経営理念と言われているのが，ヘルスケア関連製品を取り扱うグローバル企業であるジョンソン・エンド・ジョンソンの「我が信条（Our Credo）」です。

　これは，ジョンソン・エンド・ジョンソン社が1943年に打ち出した「企業は顧客への奉仕を一番に，次に社員，地域社会，そして株主を最後に考えて利益を追求すべき」という経営哲学を基にする企業理念・倫理規定です。現在では顧客第一主義は常識のように思えますが，当時のアメリカでは多くの企業が株主第一主義でした。短期的な目前の利益を追求するのではなく，顧客からの支持を得ることで長期的に繁栄する企業を目指すという姿勢は，当時としては画期的でしたし，社員の意思決定の判断基準として今日まで引き継がれています。一読の価値がありますので，参考までにp.61に掲載いたします。

　さて，経営理念は企業になくてはならないものなのでしょうか。企業の中には経営理念を持たないところもありますし，社長室の額縁の中だけに飾られていて「従業員もよくわからない」という経営理念もあるようです。

　大事なことは「明文化された経営理念の有無」ではなくて，「すべての従業員が基本的な価値観を共有し，一体となること」です。

　また，「経営理念をどのように決定したのか」ということも重要です。ある日突然，社長が1人で決めて壁に貼りだした経営理念よりは，経営陣や管理者，さらには末端の従業員をも巻き込んだ喧々諤々（けんけんがくがく）の議論をする中で産み出されたもののほうが，関係者全員の腹に落ちた，生きた経営理念となることは明らかです。

　私たちは，ホームページに掲載された経営理念の文章だけでなく，「すべての従業員が，経営理念の実現に向けて日々行動しているか」という点を見極める目を持たなくてはいけません。

▶ 経営理念がないとどうなるか

　企業経営において，経営理念がなければどうなってしまうのでしょうか。たとえば，次のような事態に陥るかもしれません。

- 社員が何のためにここで働いているのかがわからない（存在意義の喪失）
- この会社がどうなっていくのかがわからない（将来性，夢の喪失）
- 何を判断の基準としていいのかがわからない（判断基準の喪失）

すなわち，経営理念がなければ社内のベクトル（方向性）が合わなかったり，コミュニケーションが滞ったり，社内に不調和や不正が起きたりして，それが顧客に伝わり，ひいては業績が低迷するということになりかねません。つまり，「理念」と「業績」はつながっていることになります。

　繰り返しになりますが，重要なのは明文化された経営理念の有無ではなくて，実態として1つの価値観，目的意識の下で企業が一体となっているどうか，ということです。社長室の額縁に鎮座する経営理念よりも，社長が毎日の朝礼で従業員に自社の価値観を繰り返し説き，それも事例を交えてわかりやすく語り掛けるほうが，末端の従業員にまで浸透し従業員の行動が変わるきっかけになることでしょう。

▶経営ビジョンとは

　経営ビジョンとは，「経営理念のもと，自社の目指す将来の具体的な姿を，社員や顧客，社会に対して表したもの」です。経営ビジョンを公表することによって，今後企業が目指す方向と大まかな道筋をステークホルダー（利害関係者）に示すことができます。簡単に言えば，「われわれは，どこに向かっていくのか？」を表したものと言えましょう。先行きが不透明なときや業績が低迷しているときには，経営ビジョンを策定することによって社内の求心力を高めることが可能になります。

　1つの事例として，建材・住宅機メーカーであるLIXILグループのビジョンをご紹介します。こちらもホームページからの抜粋です。

> 2020年までに世界で最も企業価値が高く，革新的で，信頼されるリビングテクノロジー企業となる

▶経営戦略とは

　経営戦略もよく耳にする言葉ではないでしょうか。経営戦略とは，「企業の持続的競争優位を確立するための基本的な考え方，具体的方法論」です。すなわち，経営目標を達成するためのシナリオであり，事業を行う目的です。その仕組みは，競合他社に簡単に真似されないもので，かつ長期にわたって持続できるものである必要があります。簡単に言えば，「会社の目指すべき方向性をどのようにして実現するか」「会社の強みやリソース（資源）をどのように活かしていくか」を表したものといえるでしょう。

　経営戦略を**図表4-1**のように3つに分ける考え方もあります。

第4章 組織と仕事

> **図表4-1** 戦略のレベル分け

① 企業戦略：企業全体に関する戦略であり、具体的には、事業分野の選択と組み合わせが中心になる製品・市場戦略や多角化戦略をいう。
② 事業戦略：企業戦略によって設定された各事業分野ごとに設定される戦略。
③ 機能戦略：生産・販売・財務・労務などの各領域に関する戦略。

▶ 戦術とは

　戦術とは、戦略の下部概念であり、「戦略を実現させるための具体的な戦い方、アクションプラン」をさします。すなわち、ヒト、モノ、カネ、情報、技術といった経営資源をどれだけ投入するか、どれだけ有効に使うか、などの方法のことです。

〈参考〉ジョンソン・エンド・ジョンソンのコア・バリュー

> **我が信条**
>
> 我々の第一の責任は、我々の製品およびサービスを使用してくれる医師、看護師、患者、そして母親、父親をはじめとする、すべての顧客に対するものであると確信する。顧客一人一人のニーズに応えるにあたり、我々の行なうすべての活動は質的に高い水準のものでなければならない。適正な価格を維持するため、我々は常に製品原価を引き下げる努力をしなければならない。顧客からの注文には、迅速、かつ正確に応えなければならない。我々の取引先には、適正な利益をあげる機会を提供しなければならない。

我々の第二の責任は全社員 ——世界中で共に働く男性も女性も—— に対する
ものである。社員一人一人は個人として尊重され，その尊厳と価値が認め
られなければならない。社員は安心して仕事に従事できなければならない。
待遇は公正かつ適切でなければならず，働く環境は清潔で，整理整頓され，
かつ安全でなければならない。社員が家族に対する責任を十分果たすことが
できるよう，配慮しなければならない。社員の提案，苦情が自由にできる
環境でなければならない。能力ある人々には，雇用，能力開発および昇進の
機会が平等に与えられなければならない。我々は有能な管理者を任命
しなければならない。そして，その行動は公正，かつ道義にかなったもので
なければならない。

我々の第三の責任は，我々が生活し，働いている地域社会，更には全世界の
共同社会に対するものである。我々は良き市民として，有益な社会事業
および福祉に貢献し，適切な租税を負担しなければならない。我々は社会の
発展，健康の増進，教育の改善に寄与する活動に参画しなければならない。
我々が使用する施設を常に良好な状態に保ち，環境と資源の保護に努め
なければならない。

我々の第四の，そして最後の責任は，会社の株主に対するものである。
事業は健全な利益を生まなければならない。我々は新しい考えを試み
なければならない。研究開発は継続され，革新的な企画は開発され，
失敗は償わなければならない。新しい設備を購入し，新しい施設を整備し，
新しい製品を市場に導入しなければならない。逆境の時に備えて蓄積を
行なわなければならない。これらすべての原則が実行されてはじめて，
株主は正当な報酬を享受することができるものと確信する。

※「我が信条（Our Credo）」にまつわるエピソードは，ジョンソン・エンド・ジョンソン
のホームページをご覧ください。
https://www.jnj.co.jp/group/credo/index.html

★★★ 2　経営組織

▶企業とはどのような存在か

　企業（本項では，主として株式会社を想定します）とは，どのような存在でしょうか。企業とは，「営利（利益を得ること）を目的とした経済活動によって社会に貢献し，ステークホルダー（利害関係者）に還元する経済主体」です。ステークホルダー（stakeholder）とは，利害関係者のことで，株主，顧客，取引先，従業員，地域社会，市民団体や広義には政府・行政・国民なども含めることがあります。企業が「利益を追求する」というのは，「世の中を豊かにするような商品やサービスを生み出し，働く人々の暮らしを守り，株主の利益を守る」……という活動を，留まることなく長期にわたり続けていくことを意味します。短期的に今だけ利益を上げる，ということではなく，「長く継続的に利益を生み出す」というところが特徴です。パナソニックの創業者で経営の神様と言われた松下幸之助氏は，次のように述べています。

利益をあげているということは，社会に奉仕，貢献できている証である

松下幸之助の発言の真意を考えよう

所要時間：5分

　上記の松下幸之助氏の発言の真意（伝えたいこと）は，何だと思いますか。

　企業は，人・モノ・金・情報といった「経営資源」を通して，商品やサービスを社会に提供する存在です。企業の優劣は，それらの能力によって決まるといっても過言ではないでしょう。経営者の重要な役割のひとつが，これらの経営資源を最適に配分し最大限に効率的に有効活用することなのです。そのためにも，経営者の"思い"である「経営理念」や「バリュー」，「ビジョン」を全従業員の間で共有し，会社の方向性を1つにすることが重要となります。そして長期にわたり事業を継続し，発展し続けることを目指す経営（この考え方をgoing concernといいます）のためには，従業員である人材の育成や技術の承継が不可欠となるのです。

▶ **株式会社のしくみ**

　株式会社が利益をあげるしくみの概要を理解していただくために，みなさんに身近な例としてコンビニエンス・ストアが利益を出すしくみを見てみましょう。下図をご覧ください。コンビニエンス・ストア会社は，銀行などから資金を調達して，商品の仕入れや店舗運営に必要な費用，従業員の給料や情報システム費用などをまかないます。一方で，消費者にさまざまな「便利さ」という価値を提供することによって，代金（＝売上）をいただきます。その残りがコンビニエンス・ストア会社のもうけ（粗利）となり，そこから約定に従って借りたお金を銀行等に返していきます。

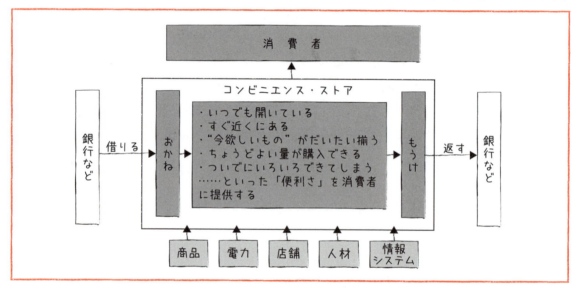

　これを一般化すると，下図のようになります。

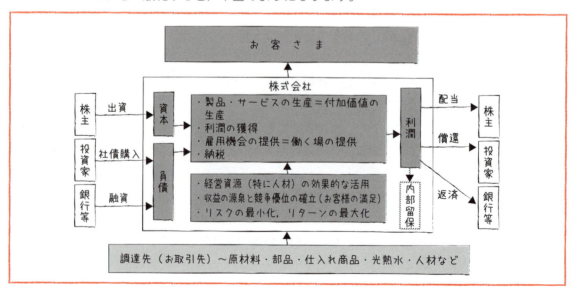

株式会社は，株式を発行して株主から資金を調達します。その他にも自社の信用力によって社債を発行したり，銀行等から有利な条件で融資を受けることによって多様な資金調達を実現します。コンビニエンス・ストアの事例と同様に，原材料などを仕入れ人件費などを払いつつ，お客様には製品やサービスの供給といった形で様々な「付加価値」を提供することによって利潤をあげる企業形態です。

▶組織・企業で働くということ

近年の職場においては，1人ですべての業務が完結するということはほぼありません。むしろ組織や企業のメリットは，複数の人材が各々が持てる能力を存分かつ自律的に発揮しながら，結果的に1人では到底できない成果をあげることにあるといってよいでしょう。すなわち，企業で働くということは，2人以上のチームによって，何か1つの目的を成し遂げるとともに，その貢献（付加価値）に応じた報酬を得ることでもあります。

自部門の工程の前には，必ず「前工程」があります。「前工程から引き受けた成果物に，自工程としての何らかの価値を付加し，その成果物を次工程に引き渡す」という一連の流れが「仕事」の中身になります。

▶「作業」と「仕事」の違い

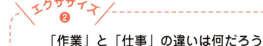

「作業」と「仕事」の違いは何だろう

所要時間：5分

みなさんは，「仕事」と「作業」の違いがどこにあると思いますか。少し考えてみましょう。

作業	
仕事	

　「作業」とは，ルーティン・ワーク（routine work：きまりきった日常の業務）を言われたとおりに"こなす"ことです。どんなに丁寧に，真面目な態度であっても，上司に言われたことをそのまま形にしているだけでは「作業」の域を出ません。作業は，「こなす」とか「処理する」，「やっつける」などで表現されます。

　一方で「仕事」とは，「お客様の期待」や「上司から指示されたこと」どおりの「品質・納期・コスト」で完成させたうえで，さらに「これでいいのか？」「よりよくするためにはどうすればいいか？」という問題意識を持って，自分なりの工夫を施していくことです。そこには，自分自身にしかできない"付加価値"があります。その"付加価値"とは，自らの工夫次第でどのような仕事であっても付けることが可能であるといえましょう。たとえ誰にでもできる雑用と言われるような「コピー取り」や「お茶くみ」であってもです。仕事は，「取り組む」とか「工夫する」，「頭を使う」という表現がしっくりきます。

❸
「コピー取り」と「お茶くみ」で仕事をしよう
所要時間：5分

　雑用と言われるような業務（筆者自身は，「業務に雑用というものは存在しない」と考えていますが，ここでは「こまごまとした，いろいろな用事」について便宜上この表現を使用します）を「作業」ではなくて「仕事」にまで昇華させるためにはどのような工夫をすればよいでしょうか？　以下のシチュエーションで，考えてみましょう。

（1）　上司である課長から，「この書類，13時からの会議で使うから，人数分コピーしておいて」と言われました。あなたなら，どのような「仕事」をしますか？

（2）　オフィスに突然の来客があり，上司である課長から「お茶をお願いね」と言われました。あなたなら，どのような「仕事」をしますか？

第4章　組織と仕事

▶エクササイズ❸の解説◀

「作業」を「仕事」に昇華させる視点のひとつは，「お客様の立場に立つ」ことです。(1)のケースにおける「お客様」は業務の指示をした課長です。課長の立場に立って工夫をすると，「ホチキス留めをしてよいかを確認する」とか，「出席者の座る位置にあらかじめ配布しておく」などが考えられますね。また書面の内容を確認することによって，「誤字・脱字をチェック」したり，「今，どのようなことが会議で議論されているのか」を知ることもできそうです。

(2)のケースでは，お茶の濃さや味にこだわる，お客様がすぐに口をつけても火傷することのない丁度よい温度でお出しする，といった工夫はいくらでもできそうです。

要は，「いかにお客様の立場に立って物事を考え，工夫することができるか」ということが，「仕事の品質を向上させること」につながるということになります。

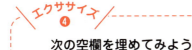

次の空欄を埋めてみよう

所要時間：5分

「お客様の期待」に応えることができれば，お客様は（　A　）をされるが，果たして，それで留まっていて良いのだろうか？
さらに質の高い"仕事"をすることによって，「お客様の期待を超える成果を出す」ことができた場合，お客様はどのように感じるか？⇒（　B　）する
一度（　B　）を味わったお客様は，次の行動をとる。
① 自社の（　C　）になってくださる。
② 他社と（　D　）をすることがなくなる。
③ （　E　）によって自社の良さを周囲に勝手に宣伝してくださる。

※解答例と解説は，p.74

★★★ 3　若手社員の定着と早期離職

▶早期離職の実態

　新規学卒者が就職してから入社3年目までに初職を離職する割合の推移を厚生労働省がまとめています。これによりますと，中学卒で約7割，高校卒で約5割，大学卒で約3割に達していた時期があったことから，「七五三現象」などと呼ばれて

67

います。今でも大学卒業者の3割強の人材が，3年以内に初職を離職しています[注1]。ただしこの現象は，平成21年（2009年）を除き，平成7年（1995年）から20年間にわたり続いている現象であり，特段最近の傾向であるとはいえません。

　また，この「3年3割」というのはあくまでも平均値であり，3年以内離職率は業界や個別企業によっても大きく異なります。直近のデータが取れる平成26年（2014年）の卒業生を対象とした3年以内離職率は全業種平均で32.2%ですが，「電気・ガス・熱供給・水道業」では9.7%，「鉱業，採石業，砂利採取業」では11.9%であるのに対して，「宿泊業，飲食サービス業」で50.2%，「生活関連サービス業，娯楽業」で46.3%，「教育，学習支援業」で45.4%と平均値より大変高くなっています[注2]。

（注1）　厚生労働省「新規学卒就職者の学歴別就職後3年以内離職率の推移」。
（注2）　厚生労働省「新規大卒就職者の産業分類別（大分類）就職3年後の離職率の推移」。

▶ 早期離職の問題点

　企業にとって若者の早期離職には，どのような問題があるでしょうか。
1．採用と定着のためにかけた時間やコストが無駄になる。
2．離職率の高さが次の年の新卒採用に影響するという，連鎖的な悪循環に陥る。
3．ポテンシャルの高い若い人材が辞めることにより，将来企業の中核を担う人材が育たず，企業の成長の足かせとなりうる。

　一方，若者にとっての早期離職は，どのような問題があるでしょうか。
1．他社で通用するような専門性を身に付けることなく離職に至ることから，キャリアの形成が未発達な状態である。
2．「人間関係」や「ストレス」を理由として早期離職に至った者は，次の仕事を見つけることが困難である。

　とはいえ一方で，法政大学教授の上西充子氏が指摘するように，肉体的，精神的に疲弊して離職に至るという場合も多く，無理をして就業を継続することが当該本人にとって妥当であるとは言いきれません。一律に「早期離職は悪である」とは断じることができないところに，この問題の根の深さがあるように思われます。
　企業と個人の双方が健全な成長をするためには，次のような行動が望まれるでしょう。
- 企業は，定着率を向上させるための物心両面にわたる施策，支援をおこなう。

- 個人は，入社前の表面的な情報のみに踊らされることなく，可能な限り長期のインターンシップや先輩訪問などを通じて企業の実態に迫るとともに，職場を見極める目を養う。

▶定着に必要な企業の姿勢

上西教授（2010）は，早期離職に至る事例と就業を継続している事例の違いが何によってもたらされるかを，新規大卒者本人の視点を通して実証しています。それによると，次の3点が重要であると述べています。

1. 職場適応のためのクッション期間
   精神的な支えとなる人間関係を築く期間や仕事を徐々に覚えていく期間など，学生から社会人に移行するための何らかのクッション期間があること。
2. 職場の上司・先輩による育成の姿勢
   新入社員自身が「ほったらかし」にされたように感じることがないように，上司や先輩が丁寧に仕事を教えたり，自分で考え試行錯誤することを促すなどの育成の姿勢があること。
3. 上司・先輩の働き方を具体的に見る機会
   見習いたい上司や先輩と出会い，その仕事ぶりを観察することによって，自分の未熟さを知り，前向きに仕事に取組む姿勢が形成される。尊敬できる先輩の姿は，その会社における自らの行く末に期待を抱くことにつながる。

みなさんがこのような職場と巡り合うためには，新聞や雑誌，書籍などを通して企業の実態についての情報を得るだけではなく，両親や社会人の親戚とのコミュニケーション，アルバイトなどによって現実の姿をできる限り把握することが必要となるでしょう。企業のホームページやパンフレットなどのきれいなイメージ写真や美辞麗句に惑わされない，自分自身の判断基準を持つための努力を続けることが重要になります。

★★★ 4 会社ではどのように評価されるのだろう？
──成果評価と能力評価

学生時代の評価といえば，通知表が思い浮かびますね。学業成績と生活態度について3段階や5段階で評価されたり，先生のコメントが記載されたりしていました。この成績と態度の評価に似たような仕組みが会社の中にもあり，人事評価といいま

す。社会人になってまで通知表が付けられるとは，面倒なことだと思うかもしれません。でも，頑張って仕事をして成果を出している人と，手を抜いて成果を出せない人が同じ給与だったら不公平だと思いますよね。また，どんなに仕事を頑張っていても，会社が望んでいる方向性と違っていては無駄な努力になってしまいます。さらに，成果を出すために必要な能力が何かがわかれば，その能力を発揮しようと心掛けることができます。このように，会社における人事評価は単純に社員の優劣を付けることだけを目的にしているのではなく，<u>会社が社員に望む方向性や成果を伝達し，実際に行動に繋げてもらうための手段</u>でもあるのです。人事評価の仕組みは会社によって異なりますが，代表的な２つの評価制度を紹介しましょう。

▶ 目標管理評価

　人間は目標を人から与えられるより，自分で目標設定をしたほうが動機づけられる，という考え方から生まれた成果評価の仕組みです。本章の第１節で解説したように会社には経営戦略というものがあり，全社員がその戦略を実現できるように仕事をしています。その経営戦略を，全社的な目標から部門の目標へ，そして個人の目標へと細かく落とし込んでいきます。この個人の目標を設定するときに「部門目標を達成するために，自分には何ができるか，それをいつまでに実施するのか，まずは自分で考えよう」という機会を設けているのが目標管理制度です。自分で作成した目標について上司と話し合いながら適宜修正して設定し，人事評価の対象期間（半年間前後）が終わった後に，当初の目標がどれだけ達成できたのかを上司が評価します。このような手法で，従業員１人ひとりの成果を測定し，会社への貢献度を把握できるようにしているのです。

目標管理シートを書いてみよう

所要時間：10分

　学生のみなさんには会社の戦略や目標というものが与えられていないので，理解が難しいかもしれません。そこで，現在所属している組織を題材にして，目標管理制度を疑似体験してみましょう。

(1) **目標欄**：みなさんが所属している大学やサークル，部活，あるいはアルバイト先のビジョンや目標を調べて書きます。

(2) **期初設定欄**：この目標を達成するために，期間を定めて何を行うのかを記載

します。
(3) **評価基準欄**：数値評価ができるように，期初設定をさらに具体的な数字で示します。
(4) **期末達成度欄**：自分が当初に設定した期間が終了したら，評価基準として設定したことが何パーセント達成できたのかを書き込みましょう。（会社ではこの最終評価は上司が行いますが，このエクササイズでは自己評価にします。）

図表4−2 目標管理シート

目標	期初設定 （　　年　　月）	評価基準	期末達成度 （　　年　　月）
例：広い視野を獲得する	自分が普段所属しないようなコミュニティ（勉強会など）に参加し，幅広い年代や価値観の人と意見交換をする	□参加コミュニティ 2団体 □1回につき3人以上と話す □新たな視点をノートに記す	

▶ **能力評価**

　企業で働くうえでは，もちろん仕事において成果を出すことが重要ですが，組織の一員として企業が望む「人材像」に近づくことも重視されます。この「人材像」には「どのような能力を社員に発揮してほしいのか」という能力の要素が含まれています。本章第1節の各企業のミッションの言葉にも，熱意，誠意，努力，といった言葉がありましたが，企業は，こうした会社の方向性を実現できる能力の程度を人事評価の基準にしています。会社によってビジョンや戦略が異なるように，評価の基準となる能力もそれぞれ異なりますが，能力評価においては，上司が評価期間の部下の仕事中の態度や行動を見て評価をします。

社会人基礎力の自己評価をしてみよう

所要時間：5分

　企業の能力評価基準はさまざまです。このエクササイズでは経済産業省が「職場や地域社会で多様な人々と仕事をしていくために必要な基礎的な力」として2006年から提唱している「社会人基礎力」を取り上げ，その能力がどの程度身に付いているかを自己評価してみることにしましょう。

（1）　自己評価欄：「社会人基礎力」（詳細は第7章を参照）をどの程度発揮できているのかを以下の5段階で評価してみましょう。能力は，持っていたとしても発揮できなければ，結果にはつながりません。英語の成績が良くても，英語を使おうとしなければ外国人の友達はできない，ということです。
　　　　　　1．能力を全く発揮していない
　　　　　　2．能力の発揮が安定しない
　　　　　　3．平均レベルの発揮度
　　　　　　4．能力を発揮している
　　　　　　5．能力を存分に発揮している
（2）　他者評価欄：あなたの行動をよく見ている仲間にも評価してもらいましょう。自己評価と他者評価が異なることはよくありますし，他者評価によって自己理解が進みます。

図表4-3 能力評価シート

能力	能力要素	定義	自己評価	他者評価
前に踏み出す力（アクション）一歩前に踏み出し，失敗しても粘り強く取り組む力	主体性	物事に進んで取り組む力		
	働きかけ力	他人に働きかけ巻き込む力		
	実行力	目的を設定し確実に行動する力		
考え抜く力（シンキング）疑問を持ち，考え抜く力	課題発見力	現状を分析し目的や課題を明らかにする力		
	計画力	課題の解決に向けたプロセスを明らかにし準備する力		
	創造力	新しい価値を生み出す力		
チームで働く力（チームワーク）多様な人々とともに，目標に向けて協力する力	発信力	自分の意見をわかりやすく伝える力		
	傾聴力	相手の意見を丁寧に聴く力		
	柔軟性	意見の違いや立場の違いを理解する力		
	情況把握力	自分と周囲の人々や物事との関係性を理解する力		
	規律性	社会のルールや人との約束を守る力		
	ストレスコントロール力	ストレスの発生源に対応する力		

　人事評価の方法として，成果評価と能力評価の2つを説明しましたが，評価の結果は基本給や等級，そしてボーナスなどに反映されます。就活中の学生のみなさんには就職先の会社を決めることがゴールに見えるかもしれませんが，それは同時に社会人としてのスタートでもあります。企業の中での成果や能力を繰り返し評価さ

れながら，社会人としてのキャリアが成長していくのです。

> **あなたへの質問**
> 学生と社会人の評価の違いは何でしょうか？
> 会社における人事評価にはどのような意味があると思いますか？

📖 **参考文献**

- 上西充子（2010）「なにが早期離職をもたらすのか―企業の新入社員育成は新入社員自身の目にどのように映っているか」上西充子，川喜多喬編『就職活動から一人前の組織人まで―初期キャリアの事例研究』同友館
- 平林正樹（2010）「新規学卒者の採用から定着までの企業による支援活動―人事・採用担当者の視点から」上西充子・川喜多喬編『就職活動から一人前の組織人まで―初期キャリアの事例研究』同友館

※エクササイズ❹の回答例

　A：満足　B：感動　C：ファン　D：比較　E：口コミやSNS

「代金に見合うだけの成果」で留まっていては，そのお客様をつなぎ留めておくことはできません。これからも末永くお付き合いいただくためには，お客様に「感動」を与えることのできる「付加価値の高い仕事」を継続的に生み出すことが必要でしょう。また，最も効率の良い広告宣伝は，お客様による「口コミ」や「SNS」なのです。「あの人が薦めるなら，一度買ってみようか」となりますよね。私たちも，そんな「仕事」をしたいものですね。

第 5 章
これからのキャリア

この章の目的…江戸時代のように職業選択や移動の自由さえもなかった社会を例に出すまでもなく、経済や企業のグローバル化の進展、さまざまな技術革新、少子・高齢化など、世界や日本を取り巻く環境の変化が近年ますます早まっています。これらの変化が、私たちのキャリア形成に与える影響度合いも、ますます高まっている時代であるといえるでしょう。

　そこで本章では、これらの「外部環境」や「グローバル化」がキャリアに与える影響とともに、企業に求められる変化として「ダイバーシティ＆インクルージョン」を取り上げてみることにします。さらに、いわゆる「ブラック企業」や「多様な働き方」とキャリアについても考えてみましょう。

　これらは一見、私たちのキャリアに直接影響を与えるとは考えにくいのですが、そんなことはありません。1人当たり何件の求人があるかを示す指標である「有効求人倍率」は、景気や経済動向の影響を大きく受けますし、経済や企業のグローバル化によって我々の働く姿も大きく変わってくることでしょう。個々人がさまざまな事情を抱えながら自らのキャリアを形成していく時代にあっては、企業も社会も「多様な働き方」を許容する必要があります。また、「ブラック企業」を見極め、避けるためにもその内実を知ることは重要です。これらはキャリアデザイン科目のみで学ぶべきものではなく、大学での学びのすべてがここに通じるものとなることでしょう。

★★ 1　外部環境とキャリア

▶人口の推移

　キャリア形成にあたっては、社会構造や景気動向などの外部環境の変化によっても大きな影響を受けます。たとえば日本の人口推移をみると、2008年をピークに減少局面を迎えています。その後、2065年には総人口が約8,800万人となり、高齢化率（65歳以上人口が総人口に占める割合）は40％近い水準になると推計されています（**図表5-1**）。

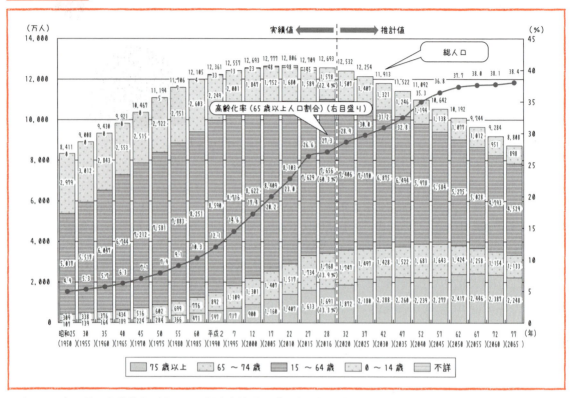

図表5-1 日本の人口の推移

注：2016年以降の年齢階級別人口は，総務省統計局「平成27年国勢調査　年齢・国籍不詳をあん分した人口（参考表）」による年齢不詳をあん分した人口に基づいて算出されていることから，年齢不詳は存在しない。なお，1950年～2015年の高齢化率の算出には分母から年齢不詳を除いている。

資料：2015年までは総務省「国勢調査」，2016年は総務省「人口推計」（平成28年10月1日確定値），2020年以降は国立社会保障・人口問題研究所「日本の将来推計人口（平成29年推計）」の出生中位・死亡中位仮定による推計結果

出所：厚生労働省「平成29年版高齢社会白書」

　人口減少社会においては，従来のモノやサービスの需要が減退することから，既存の産業が衰退するなどの経済の縮小が予測されます。その一方で，AI（人工知能）の発達やIoT（モノのインターネット），ロボティクスの進展などによって，新たな産業や職業が発生することも予測されています。当然のことながら，個人の生き方や働き方にもその影響が及ぶことは必須です。

▶経済成長率の推移

　もう1つ重要な資料を示しましょう。それは，「日本の経済成長率の推移」です（**図表5-2**）。これによると，1950年代後半以降の年平均経済成長率が10%を超えるような好景気を迎えた「高度成長期」から，1973年のオイルショックを経て「安

第5章 これからのキャリア

図表5-2 経済成長率の推移

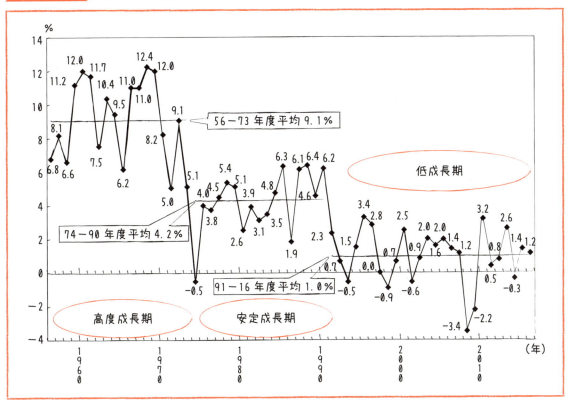

注：年度ベース。複数年度平均は各年度数値の単純平均。1980年度以前は「平成12年版国民経済計算年報」（63SNAベース），1981～94年度は年報（平成21年度確報，93SNA）による。それ以降は2008SNAに移行。2017年7-9月期2次速報値＜2017年12月8日公表＞
資料：内閣府SNAサイト
出所：社会実情データ図録（http://www2.ttcn.ne.jp/honkawa/）を元に筆者加筆

定成長期」に入りました。その後，1991年のバブル崩壊によって「低成長期」へと移行していきました。

　私たちは，このような社会・経済の歴史的な経緯やマクロの景気動向を俯瞰する視点を常に意識しておく必要があるでしょう。なぜなら，それらの動向が個人のキャリア形成に少なからず影響を与えていると考えられるからです。経済の成長度合いが当時の世相に反映され，それが若者の成長過程における人格形成やものの考え方にも影響を与えることでしょうし，これからの人口の推移が自らの進路を考える際の1つのデータとなりうることでしょう。

　また，「新卒一括採用」と「年功序列」を原則とする日本の人事・採用システムによって，①就職率はその時々の景気の影響を大きく受け，②不景気の時代に就職

活動をした人は初職が非正規社員とならざるを得ないことも少なからずあり、③その場合は正社員への移行が困難となり、④不安定な雇用から抜け出しにくくなる悪循環に陥る可能性がある、という問題も抱えています。

　日本経済の低成長が続いている理由には、少子化による人口の減少、無駄な余剰社員を抱え過ぎている企業、サービス産業やホワイトカラー職場における低い労働生産性など、日本が抱えるさまざまな要因があげられています。これからの成長のためには、技術革新にともなう「生産性の向上」と女性・若者・外国人の活躍推進などの「ダイバーシティの進展」が不可欠と言われています。これらも、1人ひとりのキャリアに影響を与える要因といえましょう。

★★ 2　グローバル化

　「グローバル化」は、聞かない日がないくらい日常的な用語となりましたが、みなさんはその定義を正しく認識しているでしょうか。新語時事用語辞典によると、「政治・経済、文化など、様々な側面において、従来の国家・地域の垣根を越え、地球規模で資本や情報のやり取りが行われること」です。つまり、従来の「国」の概念を超越して、地球規模でお金や情報などが瞬時にやり取りされる状態を言います。これに大きく貢献している要因として、インターネットを中心としたIT（Information Technology：情報技術）化の進展が挙げられます。

▶グローバル化の3段階

　グローバル化には、3段階あるといわれています。
　第1段階は、「国際化（International）企業の時代」です（**図表5－3**）。

　この段階は輸出を中心として世界市場に進出する段階で、20世紀はこの段階でした。設計から生産までを国内でおこない、製品を海外に輸出するモデルです。企業は、本社のプロセスを維持していればよく、「シングル・プロセスの時代」ともいえます。

　そこで20世紀後半に到来したグローバル化の第2段階は、「多国籍化（Multinational）企業の時代」です（**図表5－4**）。

第 5 章　これからのキャリア

> **図表 5 − 3**　グローバル化の第 1 段階「国際化企業の時代」

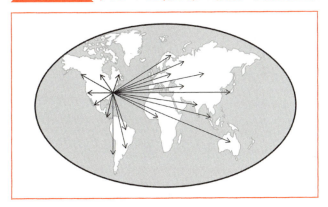

> **図表 5 − 4**　グローバル化の第 2 段階「多国籍化企業の時代」

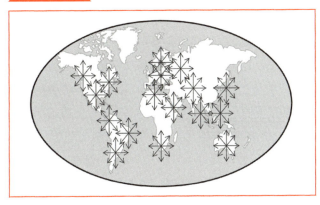

　この段階は，拠点の充実と相互連携を確立する段階です。海外の地域ごとに統括子会社や海外生産子会社を持ち，それぞれが自律的に事業を遂行する多国籍なモデルといえるでしょう。各国の子会社は担当する市場に適応するため，個々別々に対応をしていきます。これによって企業内におけるさまざまな業務プロセスは，各国ごとに独自に存在することになり，情報システムの冗長化（二重化などにより信頼性，安全性を確保した状態）によってコストが増加したり，連結決算の集計に手間がかかったり，コーポレート・ガバナンス（企業統治）がきかない状態となるなどの問題を抱えていました。この段階ではまだ，「真のグローバル化」とはいえない状態です。

　次に21世紀に到来したのが，グローバル化の第3段階である「グローバルに統合・連携された企業（Globally Integrated Enterprise）の時代」です（**図表5−5**）。

図表5－5　グローバル化の第3段階「グローバルに統合・連携された企業の時代」

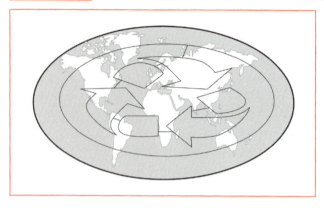

　この段階は，国を超え，世界レベルで「シームレス」（つなぎ目のない状態）に事業を運営する段階であり，世界中で一番ふさわしい場所にそれぞれの機能を分散させ，「適正な場所で，適正な時期に，適正な価格で」ヒト・モノ・カネ・情報などの経営資源を最適化するモデルです。世界中に広がる業務プロセスを実質的には単一企業のように活用できるようにするとともに，世界を1つに見立てて供給業者から最終消費者までの流れを統合的に見直し，プロセス全体の効率化と最適化を実現した状態といえます。この段階は，従来の「国際化企業の時代」（第1段階）や「多国籍化企業の時代」（第2段階）とは明らかに異なっていて，戦略・管理・オペレーションがすべてグローバル規模で実行されているのです。すなわち，最適な「コスト」，「スキル」，「ビジネス環境」のあるところならどこでも運営され，グローバルに水平的に統合されている点で，最も進化した企業モデルといわれています。

▶グローバルに統合・連携された企業の事例

　事例で考えてみましょう。2012年のソニーの事例です（**図表5－6**）。
　ソニーはこの年，日本に設置していた約2,000台にのぼる業務システム用のサーバーとハードウェア保守をシンガポールへ移管しました。システム開発と運用はインド（一部は中国）へ移管し，日本にはIT関連の戦略策定や企画のみを残しました。ソニーは，ITに関連する業務をすべて機能別に分解し，結果的に欧州や米国などのシステムは米国のデータセンター（DC）に集約し，日本やアジアのシステムはシンガポールのデータセンターに統合することになりました。このように国の概念を超えて各地に適材適所の役割を分担させることによって，コスト削減とガバナンスの強化を実現しており，このような経営資源の最適化が「グローバル化の第3段階」といえるでしょう。

図表5-6 アジア地域のシステムをシンガポールに集約したソニーの取組み

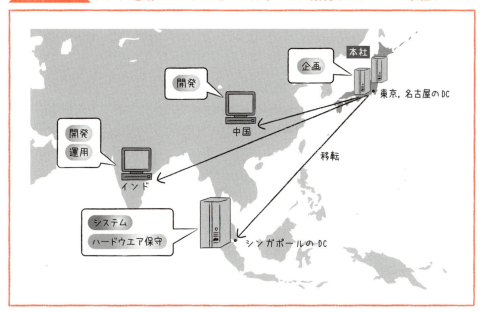

出所：2012年10月29日付　日経×TECH『日本を去る，ソニーの決断』を参考に作成

　これらの動きは，規模の大小はあるにせよ多くの企業でますます加速していくことでしょう。これらの統合によってコストを削減し捻出された余剰資金は，ますます激化するグローバル競争の中において，製品やサービスの価格競争力の強化に活用されることでしょうし，日本で雇用されていた従業員は，「日本でないとできない分野」に集中して活躍の場が広がることでしょう。

　これまで見てきたように，個々人のキャリアもこの企業のグローバル化の動きに無関係ではいられません。「私は日本国内で日本語だけを使ってこれからも仕事をしていくから，グローバル化とは関係ない」とは言えないのです。勤務先企業が，アジア新興国への進出を決めるかもしれませんし，ある日突然外国籍企業にM&A（企業の合併や買収）される日がやってこないとも限りません。TPP（環太平洋パートナーシップ協定）などの多角的な経済連携協定の発足により市場が激変することも想像に難くありません。そのためこれからの私たちは，一企業のみで通用する「社内価値」ではなく，他企業を含めた市場で通用するスキルを持った「市場価値」の向上に邁進する必要があるといえるでしょう。来るべき荒波に備えるといった自らを守るためだけではなく，市場の動きを先取りした積極的・能動的な姿勢での継続的な学びが求められるのです。

★★★ 3　ブラック企業

▶ブラック企業の定義

「ブラック企業」という単語は、みなさんも一度は耳にしたことがあるでしょう。大手広告代理店の新入社員が過労自殺した事例などもあり、「なんとなく怖い」イメージがあるかもしれません。「ブラック企業」とは、どのような企業のことをいうのでしょうか。いくつかの定義を見てみたいと思います。

- 「正社員として若者を採用しながら、すぐに辞めさせてしまう企業」(「ブラック企業の見分け方〜大学生向けガイド〜」ブラック企業対策プロジェクト2013)
- 「過労死・過労自殺を起こした企業、労働基準法が守られていない企業、残業時間が異常に長く、サービス残業(賃金不払い残業)が恒常化している企業」(森岡, 2011)
- 「法令遵守、倫理、経済的合理性などの様々な面からみて問題を抱えており、働き続けるのはとんでもない会社・職場」(蟹沢, 2010)
- 「入社を勧められない企業、早期の転職が推奨されるような体質の企業」(Wikipedia)

▶ブラック企業のパターン

では、ブラック企業にはどのようなパターンがあるのでしょうか。今野・川村(2011)は、次のようなパターンを挙げています。

1. 入社後の選別競争：入社した後にも選別が行われる。ひどいところでは1年間に同期が8〜9割も辞めてしまう。
2. 残業代を払わない：適当な嘘をつく、契約内容で嘘をつく、記録を改ざんするなどによって、残業代を払わない。
3. 月収を誇張する：「固定残業代」・「定額残業代」によって、実質的に残業代を払わない。
4. 新卒労働者の「使い捨て」：短期間に壊れるまで働かせる。長時間働かせる、従来であれば新卒には負わせなかった責任を押し付ける。
5. 退職時の嫌がらせ：会社側のタイミングで労働者を辞めさせる一方、「辞めたい」という労働者を退職させない。
6. 戦略的パワハラ：身体・精神・生活のいずれかを壊すことが副次的な結果ではなく、目指される目的として行われる。上層部を中心に組織的に行われる。

7. 職場崩壊：集団生活の中ではぐくまれる秩序が，全く機能していない状態になっている職場。

▶ 要注意な企業とは

　ブラック企業対策プロジェクト（2013）では，「ブラック企業診断書」と題して，大学生向けに「こんな企業に要注意！」と注意を喚起していますので，ご紹介します。

> ✔ 新規学卒社員の3年以内の離職率3割以上
> ✔ 過労死・過労自殺を出している
> ✔ 短期間で管理職になることを求めてくる
> ✔ 残業代が固定されている
> ✔ 求人広告や説明会の情報がコロコロ変わる

　同プロジェクトは，上記であることのみをもってブラック企業と断定しているわけではなく，「特に気をつけて確認してもらいたいポイント」としています。本書の別項でも紹介しているとおり，今や新規学卒者の約3割が入社から3年以内に初職を離職しています。つまり上記のポイントだけをとると，約半数の企業が「ブラック企業」ということになってしまいます。また，「残業代が固定されていること」自体は，違法ではありません。問題なのは，「固定化されている残業代に相当する残業時間を超えて勤務をしても，残業代が支給されないこと」です。また，急成長中の企業が，入社した社員にできる限り早く戦力になってもらうよう，活躍する場を与えること自体は，悪いことではありません。チャレンジ精神に富んだやる気のある若手社員にとっては，やりがいのある職場であるかもしれません。

大切なことは，
- 「自分自身が働くにあたって大切にしたいこと」が何かを認識していること
- 自ら情報収集することなどにより，それが実現できる場として（自分にとって）魅力ある企業であることを確信できること
- 労働法を正しく理解すること
- おかしな点については企業を疑ってみたり主張したりすることができること

です。このような自律したキャリア観を私たち自身が持つことが，重要なのです。

▶ ブラック企業が生まれる社会のしくみ

　ここでは，ブラック企業が生まれる背景にある社会のしくみについて，情報システム開発を事例に考えてみましょう。

　グローバル競争の激化やスピード化，消費者の安値志向などによって，企業は「コスト削減」が至上命題となっています。そのような環境下で発注者である企業A社は，品質・価格・納期という条件が最も良い企業に発注するため，複数の取引先企業に提案を求め競合をさせます。激しい競合の結果，成約できた元請け企業であるB社は，コストの削減を目的に，C社に一部のシステム開発業務を下請けに出します。C社は同様にその一部をD社に下請けに出すなど，下に行けば行くほど発注条件が最初から厳しく設定されていることがあります。つまり自分達が利益を出すために，安い単価で下請企業を使い，仕事を押し付ける企業が出現する余地が生まれるのです。それでも下請企業は企業存続のため，「長時間残業をしなければ間に合わないような無理な納期」や「残業代を払うと赤字になるような厳しい条件」などを飲まざるを得なくなります。これらによって長時間労働やサービス残業（正当な賃金が支払われない時間外労働）が発生することにつながるような構図ができあがるのです。これらはあくまでも一例ではありますが，「注文当日中のお届け」や「24時間対応」などを売りにする過当な企業間競争と，それらを無限に求めるような行き過ぎた消費行動の裏には，それらを可能にする「働く人々の過酷な現実」が潜んでいる可能性があります。最近では，絶対的な人手不足の状況の中，運送業で働くドライバー達の過酷な労働実態が指摘されています。宅配便の約2割が，受取人の不在による「再配達」となっていることも報道されています。便利さのみを追求し続ける私たちの生活自体も，見直す時期に来ているのかもしれません。

「これはやりすぎ」を考えよう

所要時間：10分

　あなたが消費者として「ここまでの便利さは不要」と思ったり，「過剰なサービス」と感じる企業行動には，どのようなものがあるでしょうか。また，その裏には，どのような「働く人たち」がいるのか，考えてみましょう。

第5章 これからのキャリア

★★★ 4 多様で柔軟な働き方

▶人生100年時代の働き方

　2016年，ロンドン・ビジネススクール教授のリンダ・グラットンとアンドリュー・スコットが書いた『ライフ・シフト』の日本語訳が出版されました。この本によれば，「日本では，2007年に生まれた子供の半数が107歳より長く生きる」と予想されており，これが「人生100年時代」といわれる所以（ゆえん）です。この「人生100年時代」には，これまでの「教育→仕事→引退」という3ステージの生き方は通用しなくなります。なぜなら，仮に65歳で仕事から引退しても，人生100年時代にはまだ35年間もの残りの人生があり，約40年間の仕事で引退後35年間の生活資金をまかなうのには無理があるからです。そのためこれからの生き方に必要なのは，金銭的な「有形資産」に加えて，①所得を増やすのに役立つスキルや仲間などの「生産性資産」，②肉体的・精神的な健康と幸福である「活力資産」，③多様性に富んだ人的ネットワークなど変化に対応するために必要な「変身資産」という，「3つの無形資産」であると『ライフ・シフト』は説きます。私たちが充実した人生を送るためには，現役時代からこれらの資産に投資を続け，自らを再創造することが欠かせないということです。

　国による社会保障制度がこのまま続く保証はどこにもありませんし，これからの長寿社会を考えればたしかにそのとおりとうなずかされます。これまでの制度や考え方の延長では，早晩立ち行かなくなることは目に見えています。来るべき長寿社会を実りある豊かなものとするためにも，私たち1人ひとりが新しい考え方でキャリアの形成をはかる必要があるのでしょう。

▶時代の流れとともに変化する働き方のニーズ

　近年は，個人，企業，そして社会でも働き方に関する環境が変化しています。

▶**個人の環境変化**
- 共働きの家庭が増え，育児をしながら働く必要がある。
- 高齢化に伴い，親の介護があるために毎日通勤することが困難である。
- 配偶者の転勤や経済的理由に伴い，通勤困難な場所に居住せざるを得ない。

▶**企業の環境変化**
- 顧客の事業所に常駐するような勤務体系が増加し，社内に自席が必要とは限ら

ない。
- 海外とのやりとりが増え，時差を超えた勤務体系が増加している。
- ネットワークの発達やスマートフォンなどの普及により，特定の場所にいなくてもコミュニケーションが可能である。

▶社会の環境変化
- 大規模災害時でも業務の継続性を確保する必要がある。
- 東日本大震災の発生以降，災害時対応や危機管理の必要性への認識が高まる。

すなわち，<u>多様な働き方を個人・企業・社会それぞれが受け入れること</u>が，必要な時代になっていることがわかります。これらを実現するためには，これまでの常識であった「すべての社員が，同じ時間に同じ場所で勤務する」という制約を減らし，柔軟な働き方が求められているのです。

▶ 時間の柔軟性

働く人々を時間の制約から解き放つための働き方や制度には，フレックスタイム制度，短時間勤務制度，裁量労働制などがあります。

フレックスタイム制度とは，労使間の協定に基づいて労働者が各自の始業時刻と終業時刻を原則として自由に決められる制度で，1か月以内の清算期間における労働時間の合計によって時間外労働の有無が判断される制度です。企業によっては，「コアタイム」という必ず出勤していなければならない時間帯を設けることもあります。

短時間勤務制度とは，所定労働時間を通常よりも短くする制度で，3歳未満の子どもを養育する労働者に対し，1日の所定労働時間を原則として6時間とすることなどを事業主に義務付けている制度です。

裁量労働制とは，業務の遂行方法が大幅に労働者の裁量に委ねられる一定の業務に携わる労働者について，労働時間の計算を実労働時間ではなく，みなし時間（一定時間労働したものとみなすこと）によっておこなうことを認める制度です。

これらの「時間に柔軟な制度」の導入によって，働く時間に制約のある社員の働き方の柔軟性が高まります。たとえば，小さな子供を保育園に預ける必要があるような，ライフキャリアの中で「家族を優先して考えるべき時期」にある社員にとっては，これまでは企業を退職せざるを得なかったところが，キャリアの中断をしないで済むことにもつながります。

▶場所の柔軟性

　働く人々を場所の制約から解き放つための代表的な働き方には，テレワークがあります。テレワークとは，情報通信技術を活用した場所や時間にとらわれない柔軟な働き方のことです。これには，働く場所によって，①自宅利用型テレワーク（在宅勤務），②モバイルワーク（移動先やカフェ，取引先などから業務を遂行する），③施設利用型テレワーク（サテライトオフィス勤務など）の3つに分けられます。

　これらの柔軟な働き方を可能とするためには，「労働時間の長さ」ではなく，「成果」を評価の基準とする必要があります。たとえば，「定時で帰る社員より，遅くまで残っている社員」，「有給休暇をしっかりとる社員より，休みもとらずに働く社員」，「（在宅勤務などで）いつも席にいない社員より，いつも近くにいて顔が見える社員」が高く評価される，といったように「会社にいる時間の長さ」が評価基準であっては実現が困難です。職種や職位ごとに明確な職務内容が定義されるとともに，業務目標が個々の社員単位で明確化されることによってその成果や貢献度を測る評価の精度を高める必要があるでしょう。また，社員と所属長の間のコミュニケーションが密になされていて，目標達成に向けての定期的な面談がきちんと評価プロセスに組み込まれている必要もあるでしょう。一方で業績が不十分な社員については，適時適切なコーチングや上司からの指導を通じて業績の向上を促す仕組みも必要です。これらの制度と仕組みが，社員の持てる能力を存分に発揮できる環境としての「魅力ある職場」といえるのではないでしょうか。

「柔軟な働き方」ができる企業とは

所要時間：グループワーク15分

　在宅勤務のように，個人のキャリアステージに応じた「柔軟な働き方」ができる企業とは，どのような企業なのでしょうか？　さまざまな観点から，検討してみよう。

-
-
-
-
-

参考文献

- 今野晴貴（2012）『ブラック企業 日本を食いつぶす妖怪』文春新書
- 今野晴貴，川村遼平（2011）『ブラック企業に負けない』旬報社
- 蟹沢孝夫（2010）『ブラック企業，世にはばかる』光文社
- ブラック企業対策プロジェクト（2013）『ブラック企業の見分け方〜大学生向けガイド〜』
- 森岡孝二編（2011）『就活とブラック企業』岩波書店
- リンダ・グラットン，アンドリュー・スコット著　池村千秋訳（2016）『LIFE SHIFT（ライフ・シフト）』東洋経済新報社

第6章
グループ・ディスカッションのスキル

この章の目的…グループ・ディスカッションをうまく進めるスキルを大学生のうちに習得しておくメリットは何でしょうか？

　就活でインターンシップに行くと，企業側からグループ・ディスカッションをするよう指示されることがあります。他大学の学生との他流試合は緊張しますよね。では，なぜ企業は学生にそのような指示をするのでしょうか？

　社会人になると，たった1人でできる仕事はありません。必ず，自社内外の関係者と何度も何度も，打ち合わせを重ね，仕事の目的や進め方の合意形成を行います。その話し合いがうまく進められれば，参加者のモチベーションは上がりますし，仕事の効率も高まります。でも，参加者全員が，全く同じ価値観や態度を取るとは限りませんよね。喋りっぱなしの人，寡黙な人，成果を重んじる人，プロセスを重視する人，たくさんの利害関係者の考え方のベクトルを1つにしていくことは，決して容易なことではありません。みなさんも学園祭やサークル活動などの場面や，アルバイト先でこうした困難な局面に出くわすこともあったでしょう。

　こうした場面で「困ったなぁ」と思うこともあるでしょうが，自分とは異なる考え方ややり方を知ることで，自分自身の世界が広がることもあります。でも，人の意見に流されてばかりでは自分を見失ってしまうので，自分の意見を相手に理解してもらうことも重要ですね。

　つまり，話し合いに参加するメンバーそれぞれが自分の役割を果たして，その場をより良いものにしようとする姿勢を学生のうちに身に付けていれば，みなさんが抱えている問題の解決になるばかりか，社会人としての基本的態度の習得にもつながるのです。

　そこで，企業は採用プロセスにグループ・ディスカッションを組み込んでいるのです。

　整理をすると，グループ・ディスカッションのスキルをキャリア・デザインの講義で学ぶポイントは以下のとおりです。

- 多様な価値観に出会える。
- メンバーの多様性を受け入れながらも，流されずに，自分の意見も言えるようになる。
- 多様なメンバー同士の相互理解を通して，新たな「学び」や「アイデア」が得られる。
- 参加者全員が自らの役割を自覚してチームに貢献することで，満足度の高い結果を導き出すことができる。

　この章では，グループ・ディスカッションを進めるためのスキルを難易度の低い順に紹介していきます。

★（難易度） **1　グループ・ディスカッションの基本**

活用場面…「初めてのグループ・ディスカッション」etc.

POINTS
1. アイスブレイクをする
2. 話し合いの4つの役割を決める
    ファシリテーター・タイムキーパー・プレゼンター・スクライバー
3. 個人や人格に対する否定や批判をしない
4. 異なる意見の発言を恐れない／受け入れる
5. 拡散と収束のバランスをとる

新しいグループができて，そこでディスカッションをすることになったら，まずは次の5つのことを心掛けましょう。

1. 「アイスブレイク」とは，氷を壊すことです。初めて出会う人との間には緊張感がお互いに漂っていますよね。この雰囲気を「氷」にたとえることができます。相手の顔は見えているけれど，相手の心の声が届かない冷たい氷の壁が2人を隔てている。この氷を壊すことを「アイスブレイク」といいます。具体的には自己紹介をします。その際に，「最近のお気に入り」とか「夏休みをどう過ごした」など，個性が少し垣間見えるようなネタを入れると良いです。

2. グループディスカッションに最適な人数は内容によって異なりますが，授業なら3～5人程度が良いでしょう。そして，以下の4つの役割を先に決めておくと，時間を有効に使うことができます。全員が何らかの役割を担うようにすると，全員が主体的にディスカッションに関わるようになります。

    ファシリテーターとは，グループの話し合いを活性化させる役です。全員が発言できるよう促したり，会話を発展させたりします。このスキルは重要なので，「4　ファシリテーションスキル」（p.96）で詳細を説明します。

    タイムキーパーとは，時間管理役です。1人当たりの持ち時間は何分間，と計算したり，あと何分で発表になりますよ，とメンバーに知らせたりします。

    プレゼンターとは，発表者です。グループ・ディスカッションが終わり発表をする段階になって，みんなが遠慮したり，じゃんけんしたりするのは格好悪

第 6 章　グループ・ディスカッションのスキル

いですよね。発表者ははじめに決めておきましょう。
　スクライバーとは，板書役です。話し合いの内容を黒板などにわかりやすく書き留めます。文字やビジュアルにすることで，自分たちの頭の整理になるだけではなく，発表の際には聴衆にも理解してもらいやすくなります。

3. 個人や人格に対する否定や批判をしてしまうと，話し合いの場にまた氷が張りつめてしまいます。「自分の考えを相手が聴いてくれる」という安心感が，新たな意見を引き出します。

4. 異なる意見を恐れずに言うこと，そして異なる意見を受け入れることは，多様性を活かすコツです。
　たとえば，あるメンバーが発した意見に対して，「そんな考えを持つ人は頭がおかしい」というコメントをするのは「個人や人格に対する否定や批判」になりますが，「あなたがそうした意見であることは理解しましたが，私は別の意見を持っています」と伝えるのはこれとは違います。異なる意見を述べることを恐れないようにしましょう。
　世の中にはたくさんの価値観や考え方があります。数名といえども，グループはその縮図です。一見対立するような価値観や考え方であっても，お互いの考えの背景や理由を相互理解しようとする努力は，自分自身の多様性を受け止める力を養ってくれます。

5. 「拡散と収束のバランスをとる」とは，たとえば，風呂敷を広げたあとに，折り畳むことです。1つの話題から，さらに深堀りしたり，新しい方向に展開させたりして，グループならではの多様な意見をたくさん出させることが拡散です。でも，ディスカッションの最後には，「自分たちの主張はこれ」と発表できる，議論のまとめや気づき，学びを風呂敷に包んで持ち帰ることができるようにコンパクトにすることが収束です。

　以上を意識して，グループ・ディスカッションを始めてみましょう。

★★（難易度） ## 2　ブレイン・ストーミング

活用場面…「学園祭の出し物，何にしようか？」etc.

> **POINTS**
> 1. 質より量を優先する
> 2. 自由にアイデアを出せる空気を大事にする
> 3. 批判は厳禁
> 4. 人の意見を組み合わせたり，改良したりする

「できるだけ自由な発想でアイデアを出してほしい」といったお題でディスカッションをするときは，ブレイン・ストーミングという方法が最適です。グループ内でたくさんのアイデアを出し合い，問題解決に結び付ける創造性開発技法の1つです。誰かが何かの提案をしたときに，「予算がない」「時間がない」といった制約を考えてその提案を残さないことがよくありますね。そうすると，参加者の発想がどんどん限定されてしまい，アイデアが出てこなくなります。そこで，ブレイン・ストーミングでは，いったんすべてのアイデアを全部残しておき，実現性の検討は後からにしましょう，という考え方をします。

1. 1つひとつのアイデアの実現可能性などの吟味はせずに，量が多いほどよい，と考えましょう。
2. 誰もが自由に意見が言えるように，リラックスした空気で行います。
3. アイデアへの批判や否定をすると，新しいアイデアが出なくなるため，何でもOKの姿勢で。
4. 人のアイデアへの否定は良くありませんが，より発展させた提案は大歓迎です。

▶**ブレイン・ストーミングでの会話例**

　ファシリテーター　「学園祭の出し物，何にしますか？」
　Aさん　「宇宙旅行とか？」
　ファシリテーター　「面白いですね！　そんな感じでどんどんアイデア出してください」
　Bさん　「宇宙空間って，無重力にするとか？」
　Cさん　「ロマンチックな感じになるといいよね」

ファシリテーター 「いいですね〜，他には何かありますか？」
Aさん 「旅行から戻ったら，浦島太郎になっているとか！」
メンバー全員 「（笑）」
スクライバー 「みなさんの意見を整理するとこんな感じですね」といって「宇宙旅行」「無重力」「ロマンチック」「浦島太郎」のキーワードを記したホワイトボードを見せる。
ファシリテーター 「これらのアイデアをつなげると，何ができるでしょう？」
Cさん 「そうだ，バーチャル・リアリティならできそうじゃない？」
Aさん 「無重力感は，うちわで風を送るとか？」

このように，アイデアの相乗効果を楽しむことで，思いがけないアウトプットを導くことができます。

★★（難易度） 3　傾聴——聴き上手になる

活用場面…「あなたの意見をしっかり聴きます」etc.

POINTS
1．共感的に理解することを意識する
2．深く聴く
3．相手にも伝わる傾聴のスキルを身に付ける

　グループ・ディスカッションのテーマによっては，お互いの価値観や思いをオープンに話すこともあります。「これまでの教育環境からどのような影響を受けましたか？」とか「将来のことで不安に思っていることは何ですか」などです。自分の内面を人前で話すことには抵抗を感じる人もいるでしょう。だからこそ，聞き役の人たちが傾聴することで，話し手の人をリラックスさせ，さらにお互いの信頼関係を築くことができるようになります。

　傾聴とは，相手の心の声に耳を傾ける聴き方です。話し上手もいいですが，聴き上手はグループにとって貴重な存在です。そのために重要な3つのポイントを紹介しましょう。

1. 「**共感的理解**」とは，相手の感じ方，考え方を，自分なりの解釈をせずに，そのままの状態で受けとめることです。これは，なかなか難しいことです。なぜなら，私たちは自分でも気づかないうちに，「自分の心のレンズ」を通して世界を見ているからです。これまでの教育や経験を通して，私たちは自分なりの理解の枠組み，つまり「心のレンズ」ができています。そのレンズを通して，「わあ，面白い」とか「困ったな」という感情や態度が発生します。でも，このレンズは，「1人ひとり違う」のです。

　話し手が「辛かった」と発言しても，「その程度のことで辛いと思うものなのかな」と思ったとしたら，それは自分のレンズを通してその出来事を聞いているからです。そこで，自分のレンズを外して，相手が何を伝えようとしているのかを理解しながら聴くこと，これが「共感的理解」です。「そうか，それは辛い出来事だったのですね」と自分のレンズで歪めることなく相手を理解する意識を持つことが1つ目のポイントです。

▶ 図表6－1　共感的理解

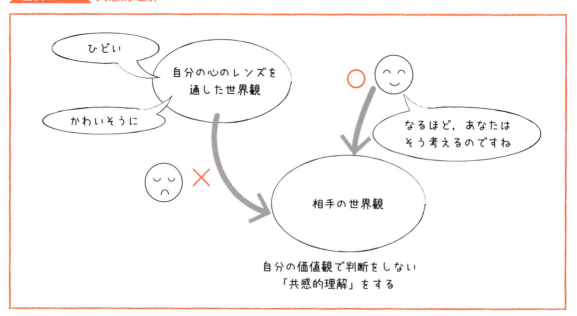

2. 「**深く聴く**」の深さというのは，「共感的理解」にたどりつくまでのレベルを示しています。

　一番浅いレベル1が「一言も頭に入らない」状態です。音としての声は聞こえているかもしれませんが，全く理解に至りません。

レベル2は「気を取られて次の話が聞けない」状態です。話の途中で「そういえば自分もこんな経験したな」ということに意識がいってしまい，その後の話が聞けなくなってしまうことです。
　レベル3は「自分のコメントを考えている」状態です。「どのように反論しようか」とか「どんな慰めの言葉がいいかしら」と考えていると，相手が本当に伝えたいことまでは理解できなくなります。
　レベル4は「自分なりの解釈で理解をしている」状態です。「彼女はきっと孤独だったに違いない」とか「生まれつき楽天家なんだろう」と「自分のレンズ」で決めつけている状態です。
　そして最後のレベル5が「自分のレンズを外して，相手の感情や価値観に添って理解する」という，共感的理解の状態です。
　このように，共感的理解の深さにたどりつくまでにはいくつかの段階があるので，自分が相手の話を聴くときの傾向や癖のようなものを振り返ってみてはどうでしょう。

3. 「**傾聴のスキル**」とは，話し手にこちらが傾聴していることが伝わるような反応をすることです。どんなに可愛いぬいぐるみでも，一方的に話しているとそのうちに飽きてきますよね。それは反応がないからです。聴き手の適度な反応によって，話し手はリラックスして自分の話をすることができるのです。
　うなずき，あいづちは，「うんうん」とか「そうなんだ～」と相手の目や顔を見ながら反応をすることです。
　くりかえしでは，相手の発した言葉のなかでキーワードになりそうな言葉を，そのまま返すことです。「子どもの頃はマイペースだったのね」などです。
　言い換えは，相手のキーワードを別の言葉に置き換えることです。「子どもの頃から自立していたのね」という感じです。これを聞いた話し手は「私の話を理解しようとしてくれている」と思ったり，「なんとなくニュアンスが違うから，もっと理解してもらえるように説明しよう」と考えて，より深く話そうとします。
　促す質問とは，「それで？」「で，どうしたの？」といった軽い質問だったり，「なぜそうした決断をしたの？」といった，相手の価値観を引き出すような深い質問をするものです。
　そして最後に**要約**です。「これまでの話を聞いていると，こういうことなのね」と自分の理解したことを要約します。これはカウンセリングの場面では，よく

用いられるスキルですが，グループ・ディスカッションでも有益です。ディスカッションの時間は限られていますので，1人の話が長く続き過ぎると他の人の持ち時間がなくなります。とはいえ，話の途中でいきなり打ち切ると話し手の気分を害してしまうので，要約をすることで話題の転換をします。

グループ・ディスカッションは「話す」ことが中心に思われがちですが，聴いてもらえる環境が話すことを促進するので，聴き手の傾聴の姿勢がグループの雰囲気を左右するのです。「話す」以上に「聴く」スキルを磨きましょう。

★★★（難易度） **4　ファシリテーションスキル**

活用場面…「サークルでのルール作りをします。全員が合意できる結論にしましょう」etc.

> **POINTS**
> 1. クローズド・クエスチョンとオープン・クエスチョンを効果的に使う
> 2. パスをつなぐ
> 3. 話し合いの内容を構造化（見える化）する
> 4. KJ法で話し合う

グループでの話し合いを活性化するのがファシリテーターの役割です。「司会役」と訳すことがありますが，本質的には異なります。司会役はあらかじめ決められた手順どおりに議事を進行しますが，ファシリテーターはそのときのメンバーの発言や感情に合わせて臨機応変に対応し，全員の納得や合意を引き出していくプロセスを支援する役割です。

これまでにみなさんも「意見を言う人が限られていて，声の大きいほうにみんなが流されていく」とか，「話し合って決めたことなのに，後から不満が出る」などの苦い経験をしたことはないでしょうか。メンバー1人ひとりの意見を平等に引き出して合意に導くのは容易ではないからこそ，ファシリテーションのスキルを磨いておくと役立つのです。

ファシリテーションは，企業の経営会議のような複雑かつ高度な議論の場面から，大学の授業内での短時間のグループ・ディスカッションまで，適用範囲はさまざま

です。ここでは，すぐに役立ちそうなスキルをご紹介します。

1. **クローズド・クエスチョン**とは，「YES」「NO」で回答できたり，決まった答えがある質問です。たとえば「この提案に賛成ですか？」「誕生日はいつですか？」というものです。これに対してオープン・クエスチョンは，「この提案をどのように実現化しましょうか？」「誕生日はどのようにお祝いしますか？」といった，HowやWhy, What, Whenなどで質問するものです。オープン・クエスチョンのほうが相手により多くの情報を話してもらうことができるので，話し合いが活性化します。

　ただし，質問が漠然としていたり，参加者の心の準備が整っていない段階で核心を突くような鋭いオープン・クエスチョンに対しては，メンバーは回答がしにくくなります。そこで，場が温まるまではクローズド・クエスチョンを用いてメンバーの意識をこちらに向けながら，徐々にオープン・クエスチョンにスイッチしていきます。

　そして，ディスカッションの最後のまとめの段階に入ったころで，「それでは，みなさんの意見はこれでいいですか？」とクローズド・クエスチョンをすると結論が明確になります。

	クローズド・クエスチョン	オープン・クエスチョン
説明・事例	「YES」「NO」や決まっている答え 「このスポーツは好きですか？」 「誕生日はいつですか？」	HowやWhyで尋ねるので，答えや答え方が人によって異なる 「このスポーツの魅力はどこですか？」 「いつ好きになりましたか？」
メリット	簡単に答えられるので，参加者にプレッシャーを与えない 意見のまとめや要約ができる	参加者に考えてもらうことができる 1人ひとりの異なる意見を引き出すことができる
デメリット	会話が一方的になる 意見や本音が引き出せない	考えがまとまっていないときは，相手に緊張感を与える 漠然とした質問や質問の意味が理解されないと，相手が答えにくい

2. **パスをうまくつなぐ**と，多くの参加者を巻き込むことができます。大学の授業でファシリテーター役の人が一番困るのが，意見を言う人が限られていて，全員が発言をしてくれない，というものです。でも，発言しない人たちも，実はディスカッションに慣れていないため，何をどのように発言したらいいのか，

とまどっていたり，困っていることもよくあります。（日本以外で授業をすると，その真逆で，全員が発言したがるのでファシリテーターは交通整理に忙しくなるという現象が発生します）

　そこでファシリテーターは，相手が答えやすい質問をしてあげましょう。クローズド・クエスチョンもその1つですが，もう1つが，パスをつなぐ質問です。よく話すAさんの発言のうち，キーワードになるものを抜き出して，Bさんにキーワードについての質問をパスする，というものです。たとえば，次のような流れをつくります。

▶ **パスをつなぐファシリテーションの会話例：**

ファシリテーター　「サークル内のルールを作るメリットは何だと思いますか？」
Aさん　「どんなスポーツにもルールがあるから迷惑行動を防止して，みんながゲームを楽しめるのですよね。共通言語（キーワード）があったほうが，メンバーが動きやすいでしょ」
ファシリテーター　「そうですね。（受容）　共通言語，という意見がありますが，具体的に何をイメージされますか？（全体質問）　Bさん？（パス）」
Bさん　「ルールと言われると罰則をイメージして不自由な気がしましたが，共通言語という言葉だと，共通の目的（キーワード）とか，コミュニケーションというイメージがしますね」
ファシリテーター　「共通目的，いいですね（受容），我々の共通目的には何が考えられますか？（全体質問）　Cさん？　（パス）」
Cさん　「自分1人ではなく，全員が楽しむこと，かな。　だから，周囲を思いやるとか，誰でも自由に意見をいえる空気を上級生がつくる，とか」

ポイントは以下の3点です。

❶　話し手のキーワードを聞き逃さない。ファシリテーターは「質問しよう！」と意気込むと，自分の質問のことに集中してしまい，話し手のキーワードをしっかり聞き取れなくなることがあります。

❷　話し手に対して，一度受容する。「なるほど」「ありがとうございます」など，いちどパスをしっかり自分で受け取ったというサインを送ってから，そのパスを他の人に渡します。

❸　パスを出すサインを事前に送る。いきなり誰かを指名して質問すると，指名された人は緊張するし，されなかった人は思考を停止します。そこで，全員に質

問を投げかけて，みんなが考える「間」を取ってから，誰かを指名します。

このようにして，全員が自分らしく発言できるよう，パスを回していくのがファシリテーターの役割です。発言することにメンバーが慣れてくると，パスを回さなくてもさまざまな意見が出るようになってきます。

3. **話し合いの内容を構造化（見える化）**すると，メンバーの意識がその図に集中して一体感が生まれてきます。メンバーが発言したキーワードをそのままホワイトボードに記入するだけでも効果がありますが，それらのキーワード間の関係性を図示すると誰にでも構図がイメージできるようになります。この構図のことを「フレームワーク」といいます。ファシリテーターはあらかじめ複数のフレームワーク原型を自分の引き出しに入れておき，話し合いの流れに合ったフレームワークを選んで議論を整理していきます。ここでは，基本的な3つのフレームワークをご紹介します。

❶ **サークル型**は，円を2〜3つ描き，その重なりの部分を考えるというフレームワークです。例えば，先ほどの「サークルでのルール作り」を考えてみましょう。「共通言語があると動きやすい」という意見や「罰則は嫌だ」といった意見がありました。これらをサークル型で示すと下記のようになります。

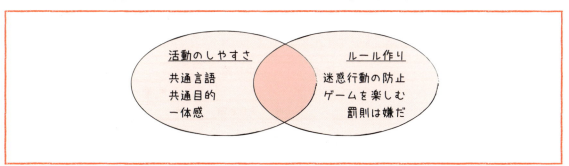

そして，ファシリテーターは「この2つの輪が重なるところには，何が考えられますか？」と質問します。期待される答えの例としては「罰則ではなく，称賛されることが何かを決める」とか，「1人ひとりが主体的に関われるように，自分の役割を自分で決める」といったことが挙がってくるかもしれません。

❷ **マトリックス型**は，円ではなく表を用います。同じテーマでも，サークル型より曖昧性のない硬いイメージになります。今回はメリット・デメリット×サー

クル全体・メンバーという言葉を入れましたが，この言葉は対立概念や対比的なものを入れると広い視点で話し合いができます。話し合いの内容に応じて，もちろんこのタイトルは変わります。

●サークルのルールを作る

	メリット	デメリット
サークル全体	混乱が減って活動しやすくなる	ルールを守ることが目的になってしまい自由な雰囲気がなくなる危険性がある
メンバー	誰に聞いたらよいかわからない状況が改善される	ルールを覚えるのが大変だし，自分で考えなくなる

メンバーの話を聞きながらフレームワークに上記のような文字を入れ，「それでは，デメリットを極力回避しながら，メリットを最大限引き出すためには，どのようにしたらいいでしょう？」とメンバーに尋ねます。

❸ **ロジックツリー型**は，マトリックス型以上に論理性を重視し，大分類—中分類—小分類と階層的に枝分かれさせるものです。モレやダブリが生じないようにするものですから，サークル型のような重複をあえて避けたいときに有効です。今回のテーマですと少し複雑になるので，下記のようなわかりやすい例を挙げます。

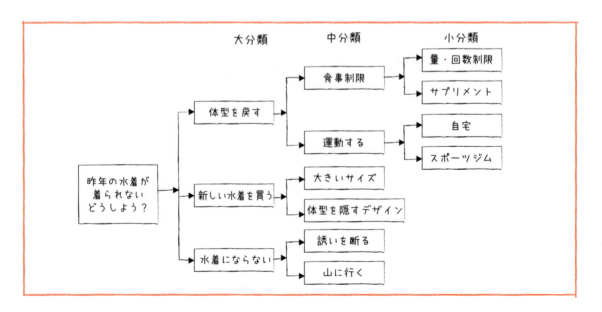

3つの基本的なフレームワークをご紹介しました。名称は知らなくても、じつはみなさんもすでに目にしたことがあったのではないでしょうか。ぜひ今後は、どのようなフレームワークが一般的に使われているのか、意識して見てみましょう。ファシリテーターとしての「引き出し」がどんどん増えていきますよ。

4．**KJ法**は、付箋紙やカードを使った意見の収集、整理方法です。メンバー1人ひとりに意見があったとしても、上級生やよく話す人に遠慮をして自分の意見を言うタイミングを逸してしまう人も多いものです。そこで、付箋紙やカードに各自の意見を先に記入してもらい、その後ですべてのカードを整理して「構造化」します。「KJ」とは、この手法を考案した文化人類学者の川喜多次郎氏のイニシャルですが、品質管理の手法などにも用いられていることから世界的に知られている手法です。進め方は次のステップになります。

❶ 各自がカード1枚つき自分の考えを1つ書き込み、数枚のカードを用意します。
❷ メンバー全員が順番に自分のカードの内容を説明します。
❸ 画用紙やホワイトボードに、考え方が類似するカードの集合体をつくります。
❹ その集合体全体を枠で囲み、タイトルを書き込みます。そのときに単語ではなく文章にしたほうが後でわかりやすくなります。
❺ タイトルとタイトルの間の関係性（因果関係や時間の流れなど）を考えて、矢印などを書き込みます。

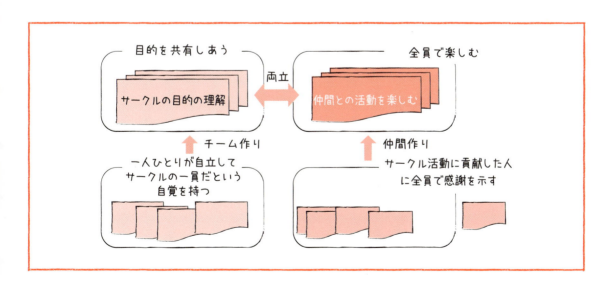

この章ではグループ・ディスカッションの際に役立つスキルを紹介してきました。次の章では，これらのスキルを活用してさらにグループ活動を楽しみながら，キャリア・デザインを考えていきましょう。

参考文献

- 平木典子（2013）『相手の気持ちをきちんと＜聞く＞技術』PHP研究所
- 堀公俊（2016）『ファシリテーション・ベーシックス』日本経済新聞出版社
- 森時彦，ファシリテーターの道具研究会（2008）『ファシリテーターの道具箱』ダイヤモンド社

第7章
グループ・アクティビティ で学ぶ キャリア・デザイン

この章の目的…大学までのキャリア形成は，志望大学の過去問を解いたり，苦手科目の偏差値を高めたりなど，自分で目標設定をして実行してきましたよね。ところが，社会に出てからのキャリアの形成は，自分1人ではなく組織や周囲の人々との関わりの中で積み重なっていくのが特徴です。

　そこで，キャリア・デザインの授業の中でも人と関わり合いながら学習する方法が効果的です。講義の中で，1人ひとりの価値観の違いを実感したり，チームで答えを導き出したりする経験ができるようなアクティブ・ラーニング手法をふんだんに取り入れています。そこでこの章に関しては，1人で読むのではなく，授業の中や友人同士など，複数名で活用してもらいたいと考えています。90分の授業内で終わるアクティビティ（活動）もあれば，数回に分けて連続したものもあります。

　また，グループ活動のあと，続けてキャリアやそのほかの重要な概念や理論についての自習をあわせて行うとアクティブ・ラーニングの完成度が上がるといわれています。第8章のキャリアの理論を参照したり，この本以外のものも幅広く参照して工夫すると良いでしょう。

　さらに，アクティブ・ラーニング手法は経済産業省が提言している「社会人基礎力」（**図表7−1**）の養成にもつながります。そこで，本章で紹介している各アクティビティーと「社会人基礎力」の関連性を示す一覧を作成しました（**図表7−2**）。

　「社会人基礎力」とは，「職場や地域社会で多様な人々と仕事をしていくために必要な基礎的な力」として経済産業省が2006年から提唱している3つの能力の概念です。1つめが「前に踏み出す力」，2つめが「考え抜く力」，3つめが「チームで働く力」というもので，それぞれの概念の下にはさらに具体的な能力要素が示されており，合わせて12の要素で構成されています。これまでも言及してきたとおり，みなさんを取り巻く環境はますます変化していきます。そうした時代で生き抜いていくためには，これまで重視されてきた「基礎学力」「専門知識」だけではなく，これらをうまく活用していくための能力である「社会人基礎力」が重要になっているのです。

> 図表7－1　社会人基礎力

社会人基礎力
<3つの能力／12の能力要素>

前に踏み出す力（アクション）
～一歩前に踏み出し，失敗しても粘り強く取り組む力～

- 主体性：物事に進んで取り組む力
- 働きかけ力：他人に働きかけ巻き込む力
- 実行力：目的を設定し確実に行動する力

考え抜く力（シンキング）
～疑問を持ち，考え抜く力～

- 課題発見力：現状を分析し目的や課題を明らかにする力
- 計画力：課題の解決に向けたプロセスを明らかにし準備する力
- 創造力：新しい価値を生み出す力

チームで働く力（チームワーク）
～多様な人々とともに，目標に向けて協力する力～

- 発信力：自分の意見をわかりやすく伝える力
- 傾聴力：相手の意見を丁寧に聴く力
- 柔軟性：意見の違いや立場の違いを理解する力
- 情況把握力：自分と周囲の人々や物事との関係性を理解する力
- 規律性：社会のルールや人との約束を守る力
- ストレスコントロール力：ストレスの発生源に対応する力

出所：経済産業省ホームページ www.meti.go.jp/policy/kisoryoku/

> 図表7－2　グループ・アクティビティと社会人基礎力の一覧表

対象レベル	タイトル	エクササイズ	狙い	進め方	社会人基礎力
★	1.チームとメンバー	①マラソンランナー	成果を出す組織では，メンバーはどのような働きをしているのかを知る	各人にカードを配り，口頭だけでカードの情報共有をして課題解決をする	発信力 傾聴力 柔軟性 情況把握力 実行力
★	2.1人ひとりの価値観の相違を乗り越えた集団の意思決定を体感しよう―コンセンサス	②プロジェクトメンバーを決めよう	1人ひとりの価値観の相違とコンセンサスの難しさを体感する	5名の候補の中から2名を選択する課題を，最初に個人で行い，次にグループで集団決定する	発信力 傾聴力 柔軟性 創造力
★★	3.就職してからが本番のキャリアの葛藤に共感してみよう―一生涯発達するキャリア	③プロジェクトメンバーのキャリアを考える	キャリア・デザインとは生涯を通じた発達課題であることをイメージする	キャリアの異なる5名が，それぞれにキャリアの悩みを抱えていることを知る	発信力 傾聴力 柔軟性

第7章 グループ・アクティビティで学ぶキャリア・デザイン

★★	4. 自分の意識と行動が周囲に与える影響について学ぼう―社会人の意識	④ 会議が怖い	社会人にとって必要な意識とスキルを学ぶ	会議進行が苦手な主人公に欠如しているものを抽出する	課題発見力 働きかけ力 規律性
★★★	5. 事業拡大のための組織図を描こう―組織化	⑤ Gカフェの組織図を描こう	組織図が存在する理由，組織構成員に求められる能力を経営者の立場で考える	学生起業家5名が商社からの支援を受けてカフェのチェーン展開。組織図を自分たちで作る	情況把握力 主体性 働きかけ力 計画力
★★★	6. 問題解決のための原因分析をおこなおう―従業員満足と顧客満足	⑥ Gカフェの従業員と顧客の不満足の原因究明	組織が抱える課題の原因を構造化する	顧客からのクレーム発生と従業員の離職が同時発生。原因究明と問題の構造化。	情況把握力 課題発見力 創造力
★★★	7. 模擬会議で自分の部門を代表した発言をしてみよう―部門を代表した発言	⑦ Gカフェの執行役員会議	会議の場では，各部門を代表した発言をすることを知る 解決策には二律背反が発生する複雑性を知る	5名の起業家は社長と4部門の執行役員役になり，模擬会議で自分の部門の立場から発言する	発信力 傾聴力 柔軟性 情況把握力 創造力 働きかけ力
★★★	8. 私の好きな商品を扱っている会社のことをもっと知りたい―好きな企業調査	⑧ 企業研究と業界比較	企業の理念や組織を調べる	事前調査結果を各自持ちより，業界ごとに情報共有をして，業界の特徴を比較する	主体性 働きかけ力 課題発見力 情況把握力
★★★	9. 業界や企業は環境の変化に適応しながら成長していくことを知ろう―企業（業界）を取り巻く環境分析	⑨ 外部業界分析を通して業界の成長を予測しよう	政治，経済，社会，技術が業界に与える影響と今後の成長を予測する	グループが選択した業界に直接的，間接的に影響する新聞記事を切り抜きして，業界の将来性を検討する	主体性 働きかけ力 実行力 創造力 情況把握力

★ **1 成果を出すチームにおけるメンバーの役割を知ろう**
　　　──チームとメンバー

　組織はチームで仕事をしています。1人ひとりが持っている情報を，自分1人で

丸抱えすることなく，情報を共有し，つなぎ合わせて，チームとしての方向性や全体像を合わせていけることが，高い成果を出すチームの特徴です。
　ここでは，カードを使ってチーム内の個人の行動について理解を深めていきましょう。

エクササイズ ①
マラソンランナー
所要時間：ディスカション・発表含めてグループワーク40分，解説20分

（1）　7名のグループになります。
（2）　グループに渡されたカードの束を裏返した状態でよくきって，各メンバーに渡します。
（3）　カードにはマラソンをしている人の絵が描いてありますが，他の人には見せずに確認します。
（4）　みなさんの課題は，マラソンをしている人の中で，先頭から数えて4番目の人のゼッケン番号が何番かを自分のカードに書かれた情報をお互いにやりとりしながら当てることです。

注：カードを作成する際は出所図書をご参照下さい。
出所：「なぞのマラソンランナー」坂野公信監修　日本学校グループワーク・トレーニング研究会著（2016）『協力すれば何かが変わる　続・学校グループワーク・トレーニング』図書文化社

（5） ただし，カードを表にして見せあったり，誰かに渡したりしては絶対にいけません。
（6） 答えがわかったら，全員で「バンザイ！」と言ってください。
（7） 制限時間は15分です。

振り返りのグループディスカッション（ディスカッション15分，発表10分）
1. あなたは，この実習にどの程度参加できましたか？
    1. 全く参加できなかった
    2. あまり参加できなかった
    3. 参加できた
    4. よく参加できた
    5. かなり参加できた
2. チームとしての成果を出すためには，何が必要だと思いますか？
3. チームに所属する個人には，何が必要だと思いますか？

あなたへの質問
チームが成果を出すために，チームの一員である自分は何をすればよいですか？ 具体的に自分が所属しているグループやチームを考えて答えましょう。

_____
_____
_____

★★ 2　1人ひとりの価値観の違いを乗り越えた集団の意思決定を体感しよう
　　──コンセンサス

　大学までの学校では「正解」があって，正答率を高める勉強をみなさんは努力されてきたことでしょう。ところが，社会に出ると「正解」がはっきりしていないのです。
　その理由の1つは，将来（未来）は不確実だということです。昔は経理の仕事ではそろばんができることが重要でしたが，今はパソコンの表計算ソフトを使いこなせることが必須ですよね。でも，将来はもっと別のスキルが必要になるかもしれま

せん。そう，将来のことははっきりしていないので「正解」がわからないのです。

　２番目の理由は，組織の中の人々の価値観がそれぞれ異なるということです。仕事の場では違う考えの人たちが集まり，会議をして，チームとしての意思決定を行うのですが，賛成の人もいれば，反対の人もいるのです。

　将来は不確実なので誰も正解はわからないし，1人ひとりの価値観が違うのですから，会議の意思決定では参加者全員が「納得」する話し合いのプロセスが重要なのです。この「全員が納得する」ことをコンセンサス，あるいは合意形成といいます。

　では，このコンセンサスの難しさを体験してみましょう。

プロジェクトメンバーを決めよう！

　　　　　　　　　　　所要時間：個人・グループワーク25分，解説30分

（1）　最初に各自が以下の「個人ワーク」を行います。（10分）
（2）　個人ワークが終わったら，5〜7名のグループになりp.110の「グループワーク」を行います。ファシリテーターを決めて，グループとして2名を選出します。（15分）
（3）　グループでの決定に全員が納得できるまで（コンセンサスが得られるまで），十分に話し合いましょう。

個人ワーク

　ある菓子製造会社で，消費者のニーズ調査をして国内外の若い人向けの新商品の菓子を開発するプロジェクト・チームを結成することになりました。すでに精鋭のプロジェクトメンバーは会社側で集めてありますが，プロジェクトの規模やターゲットとなる消費者が国内外の若い世代であることから，あと2名のメンバーを加えることになりました。以下の5名の候補者の中から，あなたが適任だと思う社員2名を決めて，□の中に印をつけ，それぞれの人について選んだ理由，選ばなかった理由を書いてください。

第7章 グループ・アクティビティで学ぶキャリア・デザイン

☐ **井川さん**（23歳男性）

入社2年目だが，入社早々に社内のビジネスコンテストに応募するほどの積極性がある人物。学生時代は運動部（サークル）に所属し，上下関係を重んじる礼儀正しい青年。思い込んだら1人で突っ走るところがあるが，海外マーケットへの進出にはこれくらいの勢いがあったほうが望ましい，と思っている人もいる。

理由

☐ **葉山さん**（32歳女性）

入社以来社内の数多くの部門で経験を積んでおり，海外部で輸出入の仕事もしていた。育児休暇から戻って間もないので，通常勤務より2時間短い短時間勤務をしている。全体を見渡してバランスを取り自分の仕事をしっかりこなせる頼りがいのある存在。

理由

☐ **野原さん**（38歳男性）

海外出張でバリバリ仕事をこなすやり手の営業部員。本来は他のプロジェクトのリーダーになる予定だったが，そのプロジェクトが延期となり現在手が空いている。小学生の子供と一緒に菓子を食べるのが楽しくて，今では菓子オタクとなっていることで社内でも有名。

理由

☐ **宮地さん**（大学2年生女性／インターンシップ中）

正社員ではないが，この会社でのインターンシップ2年目なので現在では消費者のモニター調査ためにスーパーマーケットでの試食アンケートを任せられるようになった。明るくて周囲への気遣いもできるので，社内のムードメーカー的存在であり，自社に就職してくれたらいいと思っている社員もいる。

理由

☐ **本木さん**（61歳男性／再雇用）
元マーケティング部の部長だがすでに定年を迎え再雇用で会社に残っている。現役当時から人当たりが良く，部下を育てるのが上手なので彼を今でも慕っている社員は多い。業界の中でも知られた存在なので，情報の入手や取引先との交渉など，ベテランだからこその仕事が期待できる。

理由

グループワーク

グループ全員で2名を選びます。**絶対にじゃんけんや多数決のような安易な方法はとらず**，全員が納得して2名を選出しましょう。

- 「グループメンバー名」の欄に話し合いをする全員の名前を記入し，個人の決定を一覧表に書き込みます。
- 最終的にグループの決定として2名を選択しますが，その話し合いのプロセスでは下記を意識しましょう。
    - 自分の意見をしっかり言うこと
    - 相手の意見をしっかり聴くこと
    - 意見の相違はより幅の広いものの見方を養えるので，双方が納得するまで**アサーティブ**（第2章）に言うこと
    - 少数意見も大事に受け止めること
    - **ファシリテーター**（第6章）の人はメンバー全員が納得した答えになるように努力すること

第7章　グループ・アクティビティで学ぶキャリア・デザイン

プロジェクトメンバー \ グループメンバー名	1.	2.	3.	4.	5.	6.	グループの決定
井川さん							
葉山さん							
野原さん							
宮地さん							
本木さん							

出所：杉山郁子・小出公子・園木紀子・吉田典子・諸岡千佐子（2009）「コンセンサス実習「プロジェクト・チーム」の創作と実施」，『体験学習実践研究』，Vol.9, pp.44-54　より一部大学生向けに筆者改変

▶ **エクササイズ❷の解説** ◀

　授業で行うときは，さらにグループ間で比較をしますが，全グループが完全に一致することはまずありません。これほど，集団での意思決定というのは難しいのです。全員が納得するプロセスには，意見の対立を乗り越えるために，相互理解のコミュニケーションが必要ですよね。それには時間も手間もかかるので，私たちはつい安易に多数決や誰かの決定に従う道を選びがちです。でも，意思決定の段階で「納得」していないので，後から不満や不参加といった態度を取る人も出てしまいます。
　コンセンサスは，全員の価値観を完全に一致させる，ということではありません。一致させるのは価値観ではなく，姿勢です。「今回の決定事項の内容には納得したし，後から文句を言わないし，決定したことに対して自分も協力する」というみんなのお約束なのです。だから，自分が納得できるまで，それぞれの言い分を理解し合い，共通の目的を見出していくプロセスに意味があるのです。

> **あなたへの質問**
> 正解がない意思決定でメンバー全員が合意に至るために必要なことは何でしょうか？
> 合意がない状態とある状態の違いについて，あなたの身近な事例で比べてみましょう．
>
> _____
> _____
> _____

★★ 3 「就職してからが本番」のキャリアの葛藤に共感してみよう
――生涯発達するキャリア

　大学生のみなさんには，就職したら，そして大人になったら，きっとキャリアのことで悩むことなんてないだろう，想像できない，と思うかもしれませんね．でも，迷いのない人生がないように，キャリアにも迷いはつきものなのです．

　表向きはしっかり仕事をしている大人でも，そう，ご両親や教員でも，もしかしたら自分のキャリアについて色々な葛藤を抱えているかもしれません．

　エクササイズ❷で登場した5名のプロジェクトメンバーは，自分のキャリアをどのように考えているのでしょうか．

> **エクササイズ ❸**
> **プロジェクトメンバーのキャリアを考える**
> 所要時間：個人・グループワーク20分，解説30分

　プロジェクトメンバーそれぞれが，表には出さずに自分自身のキャリアの課題を抱えています．みなさんは，この5人それぞれの悩みに共感できますか？

（1）最初に「個人ワーク」としてプロジェクトメンバーの「心の声」を読み，その悩みや迷いに共感できる人の□の中に印を付けましょう．（5分）

（2）個人ワークが終わったら，5〜7名の「グループワーク」を行います．それぞれが共感できたメンバーの名前とその理由を話します．（10分）

（3）全員にとって「共感できない」プロジェクトメンバーがいたら，その人の「心の声」を理解できるようにグループ内で話し合いをしてみましょう．（5分）

第 7 章　グループ・アクティビティで学ぶキャリア・デザイン

☐　**井川さん**（23歳男性）
入社2年目だが，入社早々に社内のビジネスコンテストに応募するほどの積極性がある人物。学生時代は運動系に所属し，上下関係を重んじる礼儀正しい青年。思い込んだら1人で突っ走るところがあるが，海外マーケットへの進出にはこれくらいの勢いがあったほうが望ましい，と思っている人もいる。

＜心の声＞
この会社は第1希望ではなかったので，悔しいからどんどん実力をつけてやろう。でも，この会社は自分の本当の居場所ではない，と思うことがいまだにある。

☐　**葉山さん**（32歳女性）
入社以来社内の数多くの部門で経験を積んでおり，海外部で輸出入の仕事もしていた。育児休暇から戻って間もないので，通常勤務より2時間短い短時間勤務をしている。全体を見渡してバランスを取り自分の仕事をしっかりこなせる頼りがいのある存在。

＜心の声＞
短時間勤務だから周囲に迷惑をかけないよう効率を考えて一生懸命働いてきた。でも，同期入社の中で昇進が遅れてしまい，育児との両立にも息切れがしてきた。

☐　**野原さん**（38歳男性）
海外出張でバリバリ仕事をこなすやり手の営業部員。本来は他のプロジェクトのリーダーになる予定だったが，そのプロジェクトが延期となり現在手が空いている。小学生の子供と一緒に菓子を食べるのが楽しくて，今では菓子オタクとなっていることで社内でも有名。

＜心の声＞
海外マーケットの開拓には自信があるが，最近ヘッドハンターから外資系企業のマネージャーにならないかと声がかかり，自分の将来を考えると気持ちが揺れている。

☐　**宮地さん**（大学2年生女性／インターンシップ中）
正社員ではないが，この会社でのインターンシップ2年目なので現在では消費者のモニター調査の試食アンケートを任せられるようになった。明るくて周囲への気遣いもできるので，社内のムードメーカー的存在であり，自社に就職してくれたらいいと思っている社員もいる。

＜心の声＞
インターンシップをしたことで，たくさんの仕事経験ができてうれしい。でも，就職先は航空会社で夢を叶えたいけれど，倍率が高いので一般企業の就活もするべきか悩んでいる。

□ **本木さん**（61歳男性／再雇用）
元マーケティング部の部長だがすでに定年退職して再雇用で会社に残っている。現役当時から人当たりが良く，部下を育てるのが上手なので彼を今でも慕っている社員は多い。業界の中でも知られた存在なので，情報の入手や取引先との交渉など，ベテランだからこその仕事が期待できる。

＜心の声＞
この会社が大好きなので，定年で部長の肩書がなくなっても仕事ができると思っていた。でも，平社員に戻るのはやっぱりプライドが傷つけられて辛い。

▶ エクササイズ❸の解説 ◀

キャリア心理学者であるスーパー博士（D.E. Super）は，人間は発達段階に応じてキャリアの課題を抱えており，それを克服しながら次のステージに進むため，生涯を通じてキャリアは発達する，と唱えました。（第8章「キャリアの理論」でも詳しく解説しています）

図表7－3 キャリア発達の諸段階と発達課題

発達段階	年齢	発達課題
成長段階	0～14歳	家庭や学校での経験を通じて，仕事に対する空想や欲求が高まり，職業への関心をよせる。働く意味についての理解を発達させる。
探索段階	15～24歳	学校教育・余暇活動・アルバイト・就職などから，試行錯誤をともなう現実的な探索を通じて職業が選択されていく。自分らしさとは何かを，現実と照らし合わせて獲得していく。
確立段階	25～44歳	前半は，自分の適性や能力について現実の仕事の関わりの中で試行錯誤を繰り返し，他者との関わり方を学ぶ。 後半は，職業的専門性が高まり，職業生活における安定性を確立する努力をする。
維持段階	45～64歳	自らの限界を受け入れ，安定志向が高まり，既存の地位や利益を維持する。
解放段階	65歳～	職業生活から引退するための着地点を探す。新しい役割を見つけることが新たな課題となる。

出所：渡辺（2007）pp.42-43をもとに大学生向けに筆者改変

ただし，スーパー博士の時代と今日では状況が変わっていますし，日本固有の問題もあります。たとえば，葉山さんの育児短時間勤務や，本木さんの再雇用は，現代日本の雇用慣行の特徴といえるでしょう。

また，人生100歳時代の到来が言われるようになり，若いみなさんが本木さんの世代になるころには定年退職の年齢もさらに上がって70歳，75歳になっていることでしょう。つまり，みなさんのキャリアは，あと40年も50年も続くことになります。その間に，いくつもの発達課題を迎えては乗り越え，キャリアを発達させていくことになります。

> **あなたへの質問**
> 自分が就職した後に経験すると思われるキャリアの課題は何でしょうか？
> その時に，あなたはどのように乗り越えますか？
> _____
> _____
> _____

★★ 4　自分の意識と行動が周囲に与える影響について学ぼう
　　　　──社会人の意識

　学生から社会人になって変化することは数多くあります。ビジネス・マナーのようなスキルも重要ですが，「スキル」は「意識」があって定着するものです。「社会人としての意識」を就職してから初めて学ぶのではなく，いまのうちに知っておくことで学生生活に役立つことがたくさんあります。ケースを通して学びましょう。

会議が怖い

所要時間：グループディスカッション35分，解説20分

（1）6人1組のグループになり，下記それぞれの役割になってケースの文章を読み上げます。（10分）

　　　橋本（主人公），木下課長，中村係長，鈴木，遠藤，ナレーター

（2）ケースをすべて読み終えたら，グループ・ディスカッションのための役割を決めます。

　　　ファシリテーター，タイムキーパー，プレゼンター，スクライバー

（3）議論のテーマは，下記2点です。（25分）

　　① 橋本主任の「本質的な」問題はどこにあるでしょうか？

　　② この会議を効率化するために，橋本主任は何をすれば良かったのでしょうか？

登場人物と組織図

橋本主任：今年28歳になる販売課の主任。定例会議の進行役を1年前から務めているが，うまくまとめられずに悩んでいる。

木下課長：販売課の課長で，橋本主任の上司。44歳。橋本主任に定例会議の進行役を命じた。

中村係長：販売課の係長で，橋本主任の上司，38歳。

鈴木：中途採用で入社した営業職。橋本主任より3歳年上。

遠藤：橋本主任より1年後輩の事務職。橋本にははっきりものを言う。

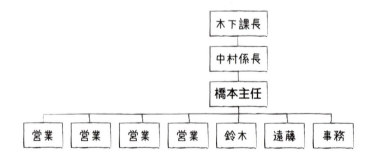

第7章　グループ・アクティビティで学ぶキャリア・デザイン

橋本「もう夜の10時か……」

　橋本は時計を見てつぶやいた。「定例課内会議」の前の晩に，机に向かって憂鬱な顔をするのが橋本の習慣になっていた。橋本の所属する販売課は，毎月第一火曜日に定例会議を開く。橋本はこの会議リーダーを，1年前に主任になったときから木下課長に任されている。社内で昇格するためにはリーダーシップ能力が求められるが，会議の運営はその能力を習得するのに最適だと木下課長は考えており，橋本の能力開発のためにこの役割を任せている。

　しかし，橋本の「会議恐怖症」は悪化するばかりだった。これまでに一度も会議をうまく進行できた自信はなく，恥をかき続けてきたという思いが強かった

　橋本は新卒採用の28歳。主任になって1年。上司は中村係長，その上に木下課長がいる。下には営業職が5人，事務職が2人いる。ほとんどが橋本より年下だが，中途採用の鈴木だけは橋本の3歳年上である。

　定例会議の時間は，午前9時から10時30分の1.5時間に決められているが，このルールはこれまで守られていない。木下課長が話し続けるので，終了時刻は12時になったり，昼食も取れずに2時になることもあった。

　橋本は会議リーダーとしての自分の非力さを自分でも痛感しているが，それ以上に後輩たちが影でささやいている，「進行役が悪いのさ。部員からの意見を引き出せずに沈黙が続いたり，結論を導き出せなかったり」という声が胸に突き刺さっていた。

　先週の金曜日には，1年後輩の事務職をしている遠藤がこう言った。

遠藤「主任，今度の定例会議は何時に終わりますか？」

橋本「次回は資料整備の検討があるし，いつものように課長から実績報告もある。一応10時半には終わる予定だけど，いつも予定どおりにはいかないからな」

遠藤「ちゃんと10時半に終わるようにしてください。私たちは今繁忙期で毎日残業している状態です。非効率的な定例会議に時間を取られたくないのです。そもそも，会議をやる意味すらわかりません。会議冒頭の営業実績の説明なんて，あらかじめ文書を事前に配っておけば済むことだと思います。議論をしても結論が出ないから，結局行動計画にも落とし込めていません。主任ももう少しリーダーとして効率的な会議を心掛けてください。

　それに，先日も私たちの雑務業務の効率化を議題として取り上げてくれたまではいいですが，中村係長に『その問題の本質的な課題は何？』と聞かれた途端に橋本主任は『そうですね，考え直します』って引き下がっちゃって，結局そのままになってしまったじゃ

ないですか」

橋本「あ，ああ，次回からはうまく仕切るようにするよ」

　と橋本は返事しながらも，内心は不安でしかたなかった。

　明日の会議の議題は「課内資料の共有化」であった。これは先月の会議で木下課長が言い出したテーマだったが，議事録を見返しても，どのような経緯で木下課長がその提案をしたのか，よく思い出せなかった。自分にとっても，その問題意識がなかったので，参加者の意見をどの方向に収束させればよいか，イメージを持てなかったので，ぶっつけ本番にしようと思った。

　定例会議が始まり，例のごとく木下課長の話が長く10：30を迎えてしまった。いったん休憩を取っている間に，お客様との約束がある営業2名が会議から抜けてしまった。

橋本「それでは会議を再開します。次は課内資料の共有化ですが，この件について木下課長から説明してください」

木下課長「いいよ，君がリーダーなんだから，君から説明してくれ」

橋本「あ，はい。えっと，先日小宮君のお客様からの問い合わせがあった際に，小宮君が不在で，代わりに誰も答えられないことがあったので，全員の資料を共有化したほうがいい，という話です」

遠藤「でも，その小宮君本人は，先ほど営業活動があると会議途中で抜けてしまっています。小宮君抜きで話し合うのは不公平だと思います」

鈴木「小宮君のケースは，資料共有というより，連絡体制の問題じゃないですか？」

橋本「いや，同じことが3年前にもありまして」

鈴木「そんな前の事象を拾っていたら，キリがないんじゃないですか？」

中村係長「そうだな，3年前と今回の小宮君のケースは大分根本の原因が違うから，すぐに解決策に飛びつくのは危険かもしれないね」

遠藤「たくさんの資料を扱っているのは，私たち事務職です。資料共有のための負荷が私たちに掛かるのは，残業代が発生するので望ましくないと思います」

中村係長「橋本君は具体的にはどのように資料を共有化しようと考えているの？」

橋本「それをみなさんと今日は考えようと思っていて。みなさん，何かご意見ありませんか？」

（一同沈黙）

橋本「木下課長はどのようにお考えですか？」

木下課長「私の意向は，お客様には迷惑をかけない，ということだよ」

橋本「でも，資料を共有化するとおっしゃっていたように記憶していますが」

中村係長「それは，1つのたとえだったと僕は思ったよ。議事録は残していないの？」

橋本「あ，はい。それが，議論の経緯までは議事録には整理できておりませんので。では，この件は次回の会議の議題に持ち越したいと思います」

鈴木「3回連続で議論することでしょうか？ いまここで全員の合意に至る結論に導けませんか？」

遠藤「まずは，議論の目的をはっきりしてもらえませんか？ そして，この会議では何を決めればいいのかもはっきりさせてください。そして，終了時刻も守れるようにしてほしいです」

橋本「そ，そうですよね。この件でみなさまご意見は？」

中村係長「君が，リーダーとして，この議論をどこに収束させたいのか，君の意見はどうなんだ？」

橋本「そこは，えっと，みなさまのニーズを伺ってから……」

遠藤「それなら，会議の前にキーパーソンにヒアリングしておけばいいじゃないですか」

木下課長「わかった。では，この件は私がいったん預かって中村係長と相談して検討することにする。みんな，それでいいかな？」

橋本「はい，課長，ありがとうございます。それでは本日の会議はここまでにします」

　会議終了後，橋本は木下課長に呼ばれた。てっきり進行のまずさを指摘されると思っていたが，木下課長は次のようなことを橋本に言った。

木下課長「今日はお疲れさまだったね。次回の会議の進行役は経験豊富な鈴木君に任せることにしたから，君はリーダーではなく，メンバーとして建設的な意見が出せるようになってくれ。」

出所：ケーススタディ研究チーム編著（1998）　熊倉透著，『企業内研修にすぐ使えるケーススタディ』　経団連出版を元に，大学生向けに筆者再構成

▶ エクササイズ❹の解説 ◀

　授業の中でこの課題を実施すると，たくさんの問題点や改善点が挙がってきます。これらをただ列挙するだけではなく，同じカテゴリーになりそうなもので括ると，一見複雑に見える物事の整理がしやすくなります。「社会人基礎力」の分類が参考になりますね。

　また，今回の課題は「橋本主任の本質的な問題」を尋ねていますので，表面化したさまざまな問題点の，そもそもの原因となる橋本さんの「社会人としての意識」を

考えてみましょう。ヒントは「橋本主任は自分のお給料が手元に来るまでに，どのようなプロセスを経ているのかを考えながら，仕事しているかどうか」です。

> **あなたへの質問**
> 「社会人基礎力」や「社会人としての意識」を学生のうちに習得することはできるでしょうか？どのように身につけますか？
>
> ＿＿＿＿＿＿＿＿＿＿＿＿＿＿＿＿＿＿＿＿＿＿＿＿＿＿＿＿＿＿＿
> ＿＿＿＿＿＿＿＿＿＿＿＿＿＿＿＿＿＿＿＿＿＿＿＿＿＿＿＿＿＿＿
> ＿＿＿＿＿＿＿＿＿＿＿＿＿＿＿＿＿＿＿＿＿＿＿＿＿＿＿＿＿＿＿

★★★ 5 事業拡大のための組織図を描こう
——組織化

　日本における就職活動は，「就社」活動といわれるように，業界や企業研究は熱心にするものの，入社後の組織の構造や部門ごとの専門性のことまでは具体的なイメージを持たずに入社するケースが多いのが実情です。そこで，このケーススタディでは3回連続で，自分たちが起業家になったつもりで事業拡大のための組織づくりをしたり，問題解決のための執行役員会議を疑似的に経験することで，組織がどのように機能しているのかを学習します。

第7章 グループ・アクティビティで学ぶキャリア・デザイン

Gカフェの組織図を描こう
所要時間：グループディスカッション45分，発表と解説30分

（1） 5名のグループになり，下記の事例を読み2つの課題に取り組んでください。
（2） グループごとに発表を行い，組織図の違いを比較しましょう。

　みなさんは学生起業家として，大学駅周辺でカフェを運営しています。
　1人で静かにカフェを楽しむ競合Sカフェとの差別化として，「緑豊かな環境」で「グループでくつろげる」をコンセプトにしたGカフェは近隣で評判になりました。
　すると，他の学生街からの出店要望と商社からの資金援助もあって，事業を拡大することになったのです。
　これまでは，学生仲間5人で企画運営をして，友人ネットワークでバイトに入ってもらっていましたが，今後の事業拡大では人手が足りなくなります。
　また，地域ニーズに合わせた店舗レイアウトや商品企画やブランディングも必要になるし，仕入も多くなり，店舗マネジメントや会計なども複雑化するでしょう。
　責任を感じますが，学生のうちにこうした経験をすることで経営の実践を学べる機会になるのでチャレンジをしてみることにしました。

課題

　みなさんは，このGカフェの共同経営者です。
　事業展開を進めるためにも，効率的，かつ組織的な運営ができるように組織図を作成して，人材採用をしたいと考えています。

課題❶ みなさんはこの事業を拡大化するために，どのような組織図を描きますか？

課題❷ その組織図のそれぞれの部門には，どのような人材を採用したいと思いますか？

▶ エクササイズ❺の解説 ◀

　大学生のみなさんの多くは，就職すると組織の一員になります。そもそも，なぜ「組織」というものが存在するのでしょうか？　たとえば，お菓子を1人で作って売っていた人がいたとしましょう。商品が評判になり，1人でたくさんの作業ができなくなったので，新たに数名を採用して，それぞれに材料仕入れ係，製造係，販売係と担当を分けて任せました。これを「分業化」といいます。すると，それぞれの担当者の専門性も高まり，効率的に仕事が進められるようになりました。さらに事業を拡大することになり，担当者1名では人手不足となって，担当者に部下を付けることになりました。こうして事業規模の拡大に伴い，「組織階層化」が深くなり，部門ができあがってきます。

　組織図は会社の方針や経営戦略に合わせて設計するので，同じ業界でも会社によって異なったり，戦略が変わると組織図の組み換えも発生したりします。

　新卒新入社員が配属されるのは，この階層の一番下です。組織の規模が大きくなるほど，自分の組織への影響は薄れるように思えるかもしれませんが，確実に組織の中で分業された一部分の仕事を担うことになります。

　自分が経営者になったつもりで組織を見ると，会社は従業員に何を求めるのか，どのような人材を採用したいのか，見えてきませんか？

図表7－4　**分業化と組織階層化**

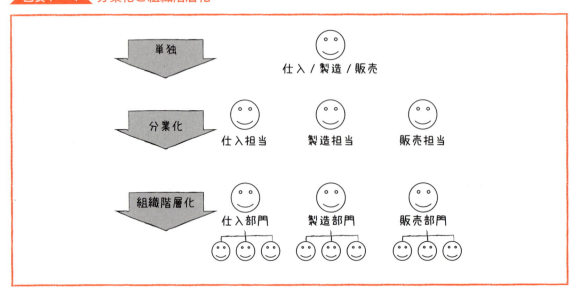

あなたへの質問
自分が経営者の目線を持つことで，組織化する必要性をどのように理解しましたか？
自分が会社から「採用したい」と思われる人材になるために，何が必要でしょうか？

★★★ 6 問題解決のための原因分析をおこなおう
── 従業員満足と顧客満足

　何か問題が発生すると，私たちはすぐに解決策を考えたくなるのですが，その問題がどのような構造で発生しているのか，という相互の関係性を整理しておかないと，無駄なことをしたり，逆効果になったりします。

　そこで，エクササイズ❻では一見複雑に見える経営課題について経営者になったつもりで原因分析を行い，その結果を踏まえて，エクササイズ❼ (p.127) では解決提案の会議を行います。

Gカフェの従業員と顧客の不満足の原因究明
所要時間：グループディスカッション45分，発表と解説30分

(1) 5名のグループになり，下記の事例を読んで課題に取り組んでください。
(2) グループごとに発表を行い，従業員満足と顧客満足の関係性を検討しましょう。

　Gカフェの事業展開から半年が過ぎました。事業拡大を見越して早い段階から組織体制を整えたおかげで，すでに3店舗が順調に運営されています。資金を援助した商社の見込みどおり，学生が運営するカフェとしてタウン誌やテレビでも紹介され，5人の仲間達は一躍話題の人になりました。客層も学生から近隣住人，会社員へと広がり始めたころ，各店舗で似たような問題が発生したのです。
　お客様のリピート率が下がり始めました。インターネット上では，商品，価格，

接客，店の雰囲気など全般にわたって悪い評判も出始めました。
　新規採用したスタッフの離職も目立つようになりました。スタッフのモチベーションが下がっているようです。

　みなさんは，このGカフェの共同経営者です。組織図は次のように決めて，5名のオリジナルメンバーはそれぞれ，社長，店舗管理部，マーケティング部，品質管理部，組織管理部の部長兼執行役員になりました。会社の運営については，この5名で構成される執行役員会議で決定しています。

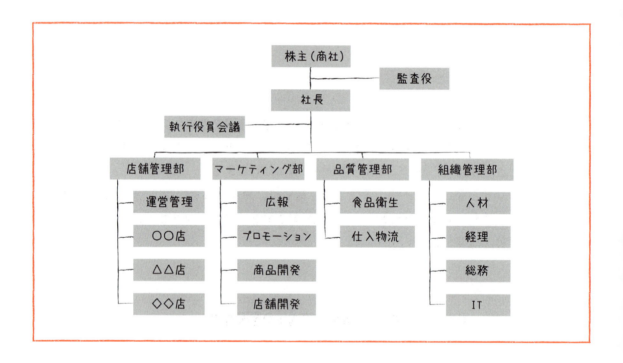

　①お客様のリピート率の低下・悪い評判の発生と，②従業員の離職・モチベーション低下という2つの問題の原因を執行役員会議で話し合うことになりました。

　グループ内で原因究明の話し合いをします。なお，このケースの情報は限られていますので，記載されていないことについてはグループ内で想像してもかまいません。原因を構造化するにあたっては，KJ法（第6章）を使って，顧客満足と従業員満足の関係性がわかるように整理しましょう。

第7章 グループ・アクティビティで学ぶキャリア・デザイン

▶エクササイズ❻の解説◀

　この課題の解決にあたり，もし原因究明をしなかったら「従業員満足のために給与を上げる」「顧客満足のために商品価格を下げる」という意見が出てきそうです。もし，その両方を無計画に行ったら，会社の利益が減りますよね。会社の利益が減ると，店舗拡大のための予算がなくなります。最悪の場合は経営破たんとなって，従業員もお客様も裏切ることになりかねません。このように，経営課題というのは，さまざまなことが繋がり合うシステムになっています。

　従業員満足と顧客満足の関係については，アメリカの経営学者ヘスケット博士たちがサービス・プロフィット・チェーンという考え方で従業員満足と顧客満足と利益の連鎖を唱えています。

図表7-5 サービス・プロフィット・チェーン

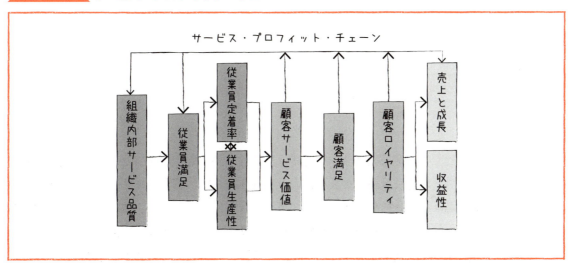

出所：Heskett, Sasser, Schlesinger（1997）"The Value Profit Chain"

　こうした連鎖をふまえて，お客様満足を大事にする会社では，従業員満足も同時に考えています。ところが，同じ会社で，同じ労働環境にある従業員であっても，全員が満足しているわけではなく，不満足な従業員もいます。大学でも，同じ先生の同じ授業であっても，退屈にしている人と，授業を楽しんで聞いている人に分かれるのと同じですね。ここに，従業員満足の難しさがあるのです。

　従業員の仕事に関わる満足のことを職務満足とも言いますが，これは外在的職務満足といわれる職場環境によるものと，内在的職務満足といわれる自分の内側の充実感によるものに分かれます。会社が提供する賃金や労働条件といった外在的職務

満足を受身で待っているだけでは限界がありますので，やはり，仕事の面白さや達成感，成長といった内在的職務満足を自分で見つけ出せる力が重要です。

　この姿勢こそが，この本の中で一貫して主張している「内的キャリア」の充実に繋がるのです。

> **あなたへの質問**
> 　企業，顧客，そして従業員のより良い関係性を築くためには，「従業員1人ひとり」にはどのような意識が必要だと考えますか？
> 　学生生活の中で，自分で自分のモチベーションを高めるためにできることは何ですか？
> _____
> _____
> _____

★★★ 7　模擬会議で自分の部門を代表した発言をしてみよう
──部門を代表した発言

　会社での会議の特徴は，参加メンバー各自が所属する部門の代表者である，あるいは自分の担当業務の責任者という意識を持っていることです。自部門の役割や立場を踏まえた発言をしますので，専門性はもちろんのこと，実施する際のリスクやメリットも踏まえた責任感が求められます。また，部門間の利害関係は必ずしも一致しません。例えば，マーケティング部門がメニューを増やそうと提案すると，店舗管理部門は仕事が複雑になるのでミスが増える，と意見します。こうしたさまざまな意見を調整しながら，会社では方針を決めています。

　そこで，皆さんには執行役員会議で部門を代表した発言をしていただき，Gカフェの問題解決策を提案していただきましょう。会社組織内のそれぞれの職務を具体的にイメージできるようになると，会社の機能がより理解しやすくなります。

第7章 グループ・アクティビティで学ぶキャリア・デザイン

Gカフェの執行役員会議

所要時間：ディスカッション60分，発表とまとめ30分

（1） 今回のエクササイズは，エクササイズ❺❻で扱ってきたGカフェシリーズの最終段階です。

（2） 5名のグループになり，自分の役割を決めてください。
　　　社長
　　　　各部執行役員：店舗管理部長，マーケティング部長，品質管理部長，
　　　　　組織管理部長

（3） 自分の職務内容（下記参照）を読んで，その部門の代表者として従業員満足と顧客満足の双方を高めるために何ができるかを個人で考えます。（10分）

（4） 各役員の考えがまとまったら，グループで模擬会議を始めて各役員は提案を述べてください。社長は各役員の意見を引き出すファシリテーションをして，発表内容を構造化してください。（50分）（第6章参照）

（5） 各グループの結論を発表します。

▶**各執行役員の役割，仕事内容**

　紙面の都合上全てを記載できませんが，厚生労働省の「職業能力評価基準ポータルサイト」（https://www.syokugyounoryoku.jp/）の「外食産業」より各部長が担うであろう職務内容を抜粋して一覧表を作成しました。職業能力評価基準では，さまざまな業界や業種，さらに特定の仕事について，その役割や仕事内容，必要な能力の詳細が説明されていますので，学生のみなさんにとっては多種多様な仕事を具体的に理解する参考になるでしょう。

執行役員各部門長の仕事内容

	職務概要	仕事の内容
	【エリア店舗管理】売上・収益向上から店舗運営・オペレーションの円滑化まで担当エリア内の店舗を支援する。	担当エリア内の店舗を統括する。日常は店舗を巡回しながら個別の問題点・課題を指摘した上で，運営・オペレーションを具体的に指導する。

店舗管理部		また，担当エリア内に競合店が存在すれば，既存・新規を問わず，競合店をターゲットとした対策を立案・実施させ，担当エリア内で他店と比較して業績不振の店舗に対して，問題点の発見，解決を含めて対策を立案し指導・実施する。
	【店舗従業員教育】 店長・店舗従業員のレベル向上を目的とした研修を実施する。	店長・店舗従業員の能力向上を目的とした教育方法を検討し，具体的な階層別もしくは職能別の研修を立案してスケジュール化する。研修の実施に当たっては，店長・店舗従業員の動機付けを図るとともに，業務に必要な知識やテクニックを向上させる。
	【営業サービス】 店舗全体を支援するための販促活動を企画・立案するともに，個別の店舗に対しても，適宜必要な支援を行う。	店舗の業績を向上させるため，店舗全体に対して，キャンペーンなどの販促活動を企画・立案し展開・実施する。また，個別店舗で対応するよりも本社スタッフが対応するほうが効率的な業務を判断・区分し支援する。
	【オペレーション管理】 店舗業務のうち店長もしくは店長に準ずる人材が担当する職務で，店舗を運営するマネジメントすべてが含まれる。	店長の主な業務として，店舗従業員（パート・アルバイト）の採用から業務指導などの労務管理や現金と売上などのデータや帳票の管理，厨房，フロアなど全ての設備の管理と，店舗運営に関する安全衛生の管理を行う。 　また，店舗オペレーションは，クレームなど想定外の問題が発生する場合がある。そのような場合は，本社に対応を確認するとともに，店舗従業員に適切な指示を行う。
マーケティング部	【出店計画】 出店戦略に従い市場調査を行う。	出店戦略とは，競合店舗の動向を調査し，どのような業態の店舗をどの地域・エリアに出店させるかを戦略的に計画する。 　市場調査とは，業態別出店戦略に基づき地域・エリアを絞り込み，どこに出店すれば集客が見込めるかまで，具体的な立地調査及び市場・商圏調査を推進する。
	【店舗】 出店計画に適合した物件に，コンセプトに適合するように店舗を設計もしくは改善する。 必要な工事管理を適切に実施する。また，店舗・設備のメンテナンスを含めた店舗営繕も含まれる。	店舗施設の市場調査とは，店舗施設のトレンドを調査し，立地・客層等を考慮してどのような店舗がよいのか，店舗コンセプトを総合的に立案する。 　店舗設計／店舗改善とは，新規／既存にかかわらず店舗コンセプトに従い店舗の設計内容を企画・具体化する。 　工事管理とは，出店に当たり店舗の　設計案に基づき，見積もり等を経て施工業者を選定・契約し，納期等を考慮した計画を立案して円滑に施工が進むように施工業者等を管理する。 　店舗営繕とは店舗から依頼のあった店舗の修繕や厨房機器などの設備修理について，適切に業者を選定・契約し，納期やコスト等を考慮した計画を立案し円滑に修繕や修理を遂行する。

	【マーケット・食材研究】 新規メニューの開発や既存メニューの改善につながる食材を研究する。	一般消費者を念頭に置きながら，産地，業界あらゆるところにアンテナを張り，既存メニューへの影響及び将来のメニューに欠かせない新しい食材を調査・報告する。 　新しいメニューにつなげるために，新規・既存を問わず食材の調理・加工方法を提案する。並行して新しい食材の安全性を調査するとともに，安定的に供給可能かどうか，産地の状況や経由する取引業者等を調査・報告する。
	【メニュー開発】 新規メニューの開発や既存メニューの改善・廃止を検討する。	新規メニューを試作し，売れ行きの予測を含めたマーケティングや，店舗で調理しやすいか，コストはどうかなど総合的な評価を実施し，適切な評価を下す。新規メニューの可能性が確認された後，新規メニューをエリアや特定の店舗においてテストマーケティングし，そこから浮かび上がった問題点・課題の解決を図る。 　新規メニューを各店舗に導入するに当たり，調理方法等を説明できるように具体的なレシピをテキスト等に整理し，個別の店舗において具体的な指導を企画・実践する。 　既存のメニューについては，販売動向を売上実績という数値結果のみならず，なぜそのような結果になったのかその他の要因を含めて総合的に判断し，販売動向調査結果から既存メニューの改善もしくは廃止を検討する。廃止する場合は代替的なメニューをどうするかなど，メニューを総合的に検討し最適なメニュー構成を提案する。
品質管理	【商品調達計画】 品質基準に適合した商品（食材／非食材）を低コスト，短納期で調達するために，総合的に企画・計画する。	個別の商品（食材／非食材）を調達する前に，効率性やコスト面から店舗で調理する前工程として，食材をどのように一次加工，二次加工するのがよいかを検討し，最適な商品加工計画を策定する。 　これに基づき，商品の調達計画を立案し，安全で低コストな食材を計画通りに供給させる。
	【商品仕入】 店舗に必要な商品（食材／非食材）を仕入れるとともに，品質のチェックを行い，必要に応じて供給者（社）に対して指導を行う。	仕入れた食材の大きさ，数量，鮮度等に問題がないか品質をチェックし，問題のある場合に迅速に対応するとともに，問題のある供給者（社）に対しては業務改善の折衝を行い，必要に応じて具体的な指導を行う。

	【商品管理】 コスト管理の徹底を図りながら，商品（食材／非食材）を必要量調達・在庫・発送する。	物流の時間短縮や在庫量・コストが低減できるように商品の物流方法を提案する。日常業務として，商品の使用量をチェックし，欠品のないように商品を倉庫もしくは店舗に配送を指示するなど商流を管理する。また，配送指示により届けられた商品を，ロスのないよう定められた手順に従い適切に保管・在庫するとともに，保管・在庫方法について問題意識を持って改善を提案する。 　また，食材のロス低減につながるように，品質や鮮度の維持など管理方法を提案したり，食材別のロスを調査しロスの低減に努めるとともに，廃棄される食材について，定められた手順に従い適切に処理されているかどうかを管理する。
	【セントラルキッチン】 店舗内での調理作業を軽減するために，調理の一部を前工程として食品を加工する。	食品製造工場であり，食品という特性上，食中毒などの事故が発生しないように，生産ラインに必要な衛生管理を実施しながら，計画に従い食品加工を行う。並行して，製造する食品や製造設備に適した加工方法・改善を検討し，コスト削減とともに味の均質維持・向上を推進する。
組織管理部	【総務】 社内管理，社外対応，全社的活動の推進など企業活動全般をサポートする。	・経営サポート：取締役会の運営，株主総会の準備と対応，持株会の設立と運営，組織活性化等の全社的活動の推進など，経営活動をサポートする仕事。 ・社内管理：資産管理，用度品管理，文書管理，株式管理，警備・保安・防災など社内の管理・統制に関する仕事。 ・社内外対応：会社行事・催物，慶弔と冠婚葬祭，秘書業務，来客対応など社内外対応に関する仕事。
	【人事・労務管理】 人事： 人事制度の企画・運用，要員計画の作成，採用・配置・退職管理，賃金管理その他の人的資源管理に関する仕事。 労務管理： 就業管理・安全衛生管理の推進，福利厚生制度の企画・運用その他の労務管理に関する仕事。	人事： ・人事制度の企画及び運用：職務開発，処遇制度，人事考課制度，昇進・昇格制度などの人事制度の企画，策定及び制度の運用を行う仕事。 ・要員計画の作成及び管理：人員計画の作成及びこれに基づく従業員の採用，配置・異動管理，出向・転籍，退職までの要員管理を行う仕事。 ・賃金管理：賃金に関する施策の立案及び賃金管理の仕事。退職金制度及び企業年金制度の企画・運用の仕事を含む。 労務管理： ・就業管理：就業規則の立案・改廃や，労働時間，勤務諸規定に関し，法令を踏まえた制度企画及び解釈・運用，関係部門に対する指導・助言等を行う仕事。 ・安全衛生：安全衛生管理体制の構築，各種活動計画の作成・推進，健康確保対策の推進，労働災害への対応など，安全衛生管理に関する立案・推進の仕事。

第7章　グループ・アクティビティで学ぶキャリア・デザイン

		・福利厚生：福利厚生に関する各種施策の立案・導入・運用や関係部門に対する指導・助言を行う仕事。
【経理】	企業における経理機能として財務会計，税務会計に関する仕事。	・財務会計：会計情報の開示を目的として，貸借対照表・損益計算書・キャッシュフロー計算書等を作成する。 ・税務会計：課税所得を計算し，税務当局に提出する納税申告書を作成する。
【経営情報システム】	情報戦略の策定やシステムの設計・運用・管理・改善等を行う。	会社の経営戦略を踏まえて情報化戦略を立案し，その実現に向けてシステム化を推進するとともに，システムの運用・保守管理や評価を行い，改善策を立てる。

出所：職業能力評価基準ポータルサイト（https://www.shokugyounouryoku.jp/）をもとに筆者が一覧表作成。

> **あなたへの質問**
> 会社の中での意思決定や業務遂行について理解したことは何ですか？
> あなたが組織の一員になる前に，学生のうちに準備できることは何でしょうか？
>
> _____
> _____
> _____

★★★ 8　私の好きな商品を扱っている会社のことをもっと知りたい
――企業研究

　企業研究というと，自分が入社することを前提に業界でのポジショニング（シェアや特徴）や従業員への待遇に目が行きがちですが，もっと純粋に自分の好きな商品やサービスはどのように生まれたのか，という目線で企業を調べてみましょう。
　そして，授業の中で調査した企業の業界ごとに情報共有をすると，その業界ならではの特徴が浮かび上がってきます。
　なお，このケーススタディはGカフェのエクササイズ❺❻❼を終えた後のほうが，理解しやすいでしょう。

企業研究と業界比較
所要時間：（事前課題を含めずに）ディスカッション30分，発表とまとめ30分

（1） 授業中の課題への準備として，下記の「事前課題」を各自でおこないましょう。

（2） 授業では，各自が持ち寄った事前課題をもとに，類似する業界（食品業界，ファッション業界など）ごとにグループを作り，各自が調べた内容をグループ内で共有します。（15分）

（3） グループごとに業界の特徴を発表し，クラス内で業界間の比較をおこないます。

事前課題

1. 自分が消費者／客として，好きな商品／店／サービス（具体名）は何ですか？
2. それを販売／運営管理している企業（具体名）はどこですか？
3. その企業について，ホームページや新聞記事，検索結果等からわかる範囲で以下を調べましょう。
   ① 会社の経営理念・ビジョン・社訓など
   ② 組織図，事業内容など
4. もしあなたがその企業で働くとしたら，どの部門に配属されたいですか？その部門はどのような役割を会社から期待されているでしょうか？
5. もしあなたが将来その会社の人事部長になるとしたら，お客様（＝現在のあなた）をがっかりさせないために，自社にはどのような従業員が望ましいと考えるでしょうか？

あなたへの質問
事前課題をクラス内で情報共有したことで業界，経営，組織，仕事について何を学べましたか？　それはなぜですか？

_____
_____
_____

★★★ 9 企業や業界は環境の変化に適応しながら成長していくことを知ろう
―――企業（業界）を取り巻く環境分析

　Gカフェのエクササイズ❺❻❼や業界比較のエクササイズ❽の最終仕上げが，組織を取り巻く環境分析です。みなさんが社会に出てから40年の間に確実に世の中は変化するでしょうし，その変化は自分の仕事にも影響します。今から30年前はインターネットもスマートフォンもなかったので，買い物がタブレット1つでできるようになるなんて空想の世界でしたが，今ではインターネット販売を仲介する企業が躍進していますよね。

　こうした技術の発展によって，店頭販売の機能も変わり，店頭は単に商品を売る場所ではなく，お客様にネットでは経験できない楽しみを提供する場所になっていきます。これは技術による環境変化のわかりやすい例です。企業や業界を取り巻く環境を外部環境といいますが，政治，経済，社会，技術が代表的なもので，これらの英語の頭文字からPEST（Politics, Economy, Society, Techonology）と呼びます。

　外部環境と組織内で働く個人とは，遠い距離があるように思えるかもしれません。でも，外部環境の変化は，インターネット販売の例にもあるように業界のあり方に影響を与えます。業界の方向性の変化に企業の経営や組織は乗り遅れずに適応していかないとライバル他社に負けてしまいます。そこで企業が経営戦略を新たに策定すれば，組織内の各部門や仕事に影響があり，個人にも変化が求められるのです。こうした関係を示したのが**図表7-6**です。

　環境変化は日々のニュースからある程度予測することができるので，PESTのニュースにアンテナを張り，これからみなさんが活躍する時代の業界の成長を考えてみましょう。

図表7-6 外部環境と個人の関係性

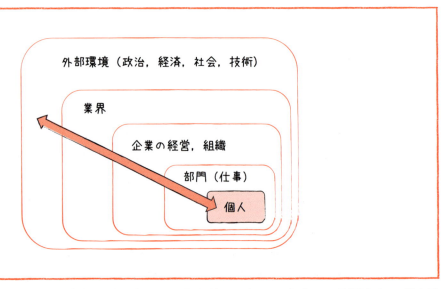

　そこで，個人は外部環境の変化に関心を持つことで，自分への影響をある程度予測しながらキャリアをデザインすることができます。

　さらにつけ加えるなら，個人は環境から影響を一方的に受けるだけの存在ではありません。<u>個人は仕事を通して企業や業界，そして外部環境の変化にも能動的に関わっているのです。</u>これが，仕事のやりがいや醍醐味につながっているといえるでしょう。

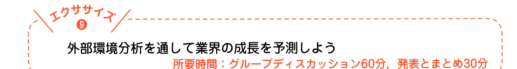

外部環境分析を通して業界の成長を予測しよう
所要時間：グループディスカッション60分，発表とまとめ30分

(1) 同じ業界に興味があるメンバー5〜6人でグループになります
(2) 日本経済新聞を1日分だけ使い，その業界に直接的，間接的に影響を与えると思われる記事を仲間と手分けして切り抜きします。一見関係なさそうに見える内容（為替や海外の政治など）でも，その業界にどのようなインパクトがあるのかを考える材料になります。
(3) 切り抜いた記事を，図表7-7のように整理して貼り付けましょう。
(4) これらの記事を根拠にして，その業界や企業が今後どのような成長をすると考えるか，グループの意見を記入し，発表しましょう。

第 7 章　グループ・アクティビティで学ぶキャリア・デザイン

図表 7 − 7　外部環境分析（事例）

業界（企業）の名称

政治，経済，社会，技術に関する興味深い記事

ライバル他社，関連企業，顧客に関する興味深い記事

その業界（企業）の今後の成長
（記事ではなく，自分たちの考え）

> **あなたへの質問**
> 業界研究の作業を通して学んだことは何ですか？
> 自分で調べてみたいと思う業界（企業）はどこですか？
>
> _____
> _____
> _____

📖 参考文献

- 星野欣生（2007）『職場の人間関係づくりトレーニング』金子書房
- 津村俊充（2012）『プロセス・エデュケーション　学びを支援するファシリテーションの理論と実際』金子書房
- ケーススタディ研究チーム編著（1998）『企業内研修にすぐ使えるケーススタディ』日本経団連出版
- ジェームス・L・ヘスケット，W・アール・サッサー，レオナード・A・シュレシンジャー著　山本昭二，小野譲司訳（2004）『バリュー・プロフィット・チェーン』日本経済新聞社
- 金井壽宏，高橋潔（2004）『組織行動の考え方―ひとを活かし組織力を高める9つのキーコンセプト』東洋経済新報社
- 渡辺三枝子編著（2007）『新版　キャリアの心理学　キャリア支援への発達的アプローチ』ナカニシヤ出版

第 8 章
キャリアの理論
―― キャリアの旅路を支える
　　コンパス

この章の目的……「理論」と聞くと，何か難しいことを覚えるような印象があるかもしれません。でも，みなさんの頭の中でモヤモヤしている絡まった糸をほぐして，「なるほど，そういうことか」と納得させてくれる，整理の枠組みが理論だと考えてください。ときには，自分の考えとは全く違う視点を与えてくれて，気持ちが楽になったり，逆に気持ちを引き締めて行こう，と思ったりすることもあります。いずれにしても，ここで紹介するキャリアに関する理論は，暗記して，テストをするような目的ではなく，みなさんがこれらの理論をどのように受け止め，どのような気づきを得るか，によって役立ち度は変わります。

　また，キャリアは「生涯発達」をします。就職したらキャリアが完成するのではなく，職業生活が続く限り，いえ，社会との関わりが続く限り，その年齢に応じた迷いや成長が伴います。そこで，これらの理論が「現在」の段階では腑に落ちないことがあっても，就職して数年経ってから，部下を持つようになってから，あるいは転職を考えるようになってからの「将来」で深く納得できるようになっているかもしません。そうした意味で，ぜひこれらの理論を自分なりに理解，解釈をしてみてください。

　この章では，最初にこれからの時代を生きていく若いみなさんにとっての**「キャリアの考え方に関する理論」**を紹介します。技術の発展に伴いこれまでの仕事観が変化しつつある中で，やりがいや充実感をもって仕事ができるとは，どういうことなのか，についての示唆をくれる理論を紹介します。

　次に，学生から社会人へと自分のステージが変化していく際の考え方である**「キャリア転換に関する理論」**を紹介します。所属や肩書という外的キャリアのみならず，精神的にも新しい段階に駒を進めるうえでの重要な考え方や自己成長との繋がりを説明しましょう。

　また，就職すると組織の構成員になるのですが，学生時代とは生活環境が大きく変わるため戸惑うこともあるでしょう。そこで，**「個人と組織の関係性に関する理論」**を紹介し，組織の一員になるということを理解してもらいます。

　就職した後も，みなさんはキャリアを積み重ねていきます。遠い先々までの展望は難しいものでしょうが，**「キャリア構築に関する理論」**によって，生涯にわたるキャリアをイメージして，これからの時代のキャリア構築あり方について考えてみましょう。

　最後は，**「モチベーションと学習に関する理論」**です。厳密にはキャリア理論ではありませんが，自分のモチベーションを自分で上げることができれば，仕事に打ち込めるようになります。仕事に打ち込むことができれば，何らかの結果を得ることができます。そして，その結果はみなさんのキャリア構築に大きな影響を及ぼすのです。

1 キャリアの考え方に関する理論

> この方向性，という方向感覚を持っていれば，
> その後はドリフトしても偶然が微笑む
> 金井壽宏『働くひとのためのキャリア・デザイン』，PHP新書

 または

みなさんは，「キャリア・デザイン」という言葉にどのような印象を持つでしょうか？

目的地までの最短，最速の直線道路なのか，それとも蛇行した道なのか。学生のみなさんにとっては進学がキャリア形成の原体験なので，受験の印象が強く，志望校に合格するための効率的な勉強，つまり最短，最速の道路を設計することをイメージするかもしれません。たしかに，「キャリア・デザイン」の定義は，「信念をもって自身の夢や方向性を描くこと」だと言えます。ただ，社会人の道路設計は環境の影響を強く受けます。

時には，人事異動で思いがけない部門に配属になったり，勤務していた企業がある日突然外資系になったりするかもしれません。環境が作り出す流れに身を任せることがたくさんあります。この，「流れに身を任せる」状態を「キャリア・ドリフト」といい，キャリア・デザインの対義語として使われます。

キャリア・ドリフトは自分のキャリアに対する関心が低く，成り行きに任せている状態とされています。こうしたキャリアの漂流には本人の意欲の低さが影響しているといえますが，時には本人には逆らえない激流もあります。その結果，ドリフトせざるを得ない状況が発生すると，大きな心の葛藤が生じます。それが，長い職業人生の中で，何度も，何度もやってくるのです。

また，自分が一度定めたはずのゴールも，時代とともに価値が薄れてしまうこともあります。「アメリカの小学校に入学した子供たちの65％は，大学卒業時に今は

第8章　キャリアの理論

存在していない職業に就く（Cathy N. Davidson, New York Times (August 7, 2011))」という研究が発表されたときは大きな衝撃でしたが，日本でも総務省による「インテリジェント化が加速するICTの未来像に関する研究会」の報告書2015において「新たに出現する仕事は出現して初めてわかるものであり，事前予測が困難である」と言及しています。

　若いみなさんは，そのような大きな，大きな変化の時代に生きているのです。それならば，どのようなゴールを定めて，どのような道をデザインしたらよいのでしょうか。ここで重要なのが「方向感覚」なのです。東西南北のどの方向性が「自分らしい仕事なのか，自分が達成感ややりがいを感じられるのか」を自覚することだといえます。これこそが，第1章で言及した「内的キャリア」なのです。とはいえ，私たちは目の前の試験や仕事や人間関係といった日々の生活で忙しいので，気づけばドリフトしていることもあります。

　だからこそ，人生の節目のときには「自分のやりがいってなんだっけ？　自分はどこに向かっているのだろう？」と，ふと立ち止まって考えましょう，と神戸大学の金井壽宏教授は「節目におけるキャリア・デザイン」を強調します。進学，就職，昇進，転職，そして，部下ができる，子供ができる。仕事人生は長いので，たくさんの節目がやってきます。この節目のときに，「あれ，私はどこに向かいたかったのかしら？」と改めて自分に問うことで，ドリフトからの軌道修正が可能になるのです。

　また，筆者自身は「意味あるドリフト」の肯定者でもあります。想定どおりの道が歩めずに蛇行したり，寄り道したり，立ち止まったりしたとしても，もしかしたら直進方向だけを向いていたら気づけなかった新たな仕事の魅力や価値，あるいは本当に自分がやりたかったことが何か，に気づかされることもあるからです。

　つまり，遠い将来の予測がむずかしい時代におけるキャリア・デザインには，「節目における方向感覚を磨く」ことと「ドリフトにも意味を見出す」ことが重要であると考えます。

▶キャリアの定義

　そもそも，「キャリア」とは何でしょうか。定義は研究者によって異なりますが，これまでの研究を統合していえることは次のようなものです。「生涯を通して他者および社会と関係する中で得られる諸経験の価値づけ，意味づけで構築される個々人それぞれの独自の生き方の構築の過程（Savickas, 2011）」この定義を少し分解して考えてみましょう。

1. **生涯を通して**

   就職したらキャリアは完了，だと思いますか？

   就職した後も，30代，40代，50代……そして，定年後も社会との関わりがある限り，キャリアは生涯続くものです。キャリア心理学は発達心理学の領域を基礎にしていますので，「人間は生涯発達し続ける」という基本理念があります。何歳になっても，自分のキャリアとは真剣に向き合う。なぜなら，キャリアとは，生き方そのものだからです。

2. **他者および社会と関係**

   あなたのキャリアに最も影響を与えた人は誰ですか？

   自分1人だけでキャリアは築けません。自分のキャリア構築に影響を与える人（メンター，第2章）との出会いや，部活，サークル，ゼミ，バイト先，就職先での配属部署，取引先，などの多くの他者や社会との関わりの中で，自分を見つめなおし，そして自分のキャリアは形成されていきます。

3. **諸経験の価値づけ，意味づけ**

   これまでに経験した「どん底」を思い出してみましょう。その経験は，あなたにとってどのような意味がありましたか？

   「リセットしてやり直せることを学んだ」もありだし，「あのときの無念が今の自分の原動力になっている」と考えることもできます。これまでのさまざまな経験を，自分なりにどのように解釈し，意味づけをするかによって，次の一歩をどこに踏み出すのかが変わるのです。

4. **独自の生き方の構築の過程**

   幼稚園から同じ環境で過ごした同級生であっても，節目で迷い，考え，踏み出す一歩が1人ひとり違うので，その積み重ねが1人ひとり異なる人生を描くことになります。この一歩一歩の選択の連続こそが，人生の歩みとなっていきます。キャリアが仕事だけではなく，その人の生き方なのだと言われるのは，こうした理由からです。「生き方」より「生き様（ざま）」といったほうがしっくりくるかもしれません。

> **あなたへの質問**
> 自分にとっての「キャリアの定義」を作ってみましょう。
> _____
> _____
> _____

2　キャリア転換に関する理論

> 現代人においても個々人にとって，大人になるためのイニシエーション儀礼とでもいうべきことが，個人として生じている
> 河合隼雄『大人になることのむずかしさ』，岩波現代文庫

　日本では，大人として認められる儀式を「成人式」として祝いますが，こうした儀式のことをイニシエーション（通過儀礼）と呼びます。京都大学の心理学者であった河合隼雄教授の著作によれば，未開拓社会において，個人が成長して現在の段階から次の段階へと「大人の階段を上る」ときに行う儀式がイニシエーションで，手の込んだ儀式を行うことで肉体のみならず精神も大人になることを個人に意識させるものでした。未開拓社会では，大人の世界は1つだけで安定していたので，子供との境目ははっきりしていました。そこで，この儀式を無事に通過すれば自他ともに大人になったと胸を張っていえるのですが，近代社会では社会自体が進歩してしまうので，大人の世界は安定しておらず，しかも複数存在しています。そこで，一体どのタイミングで大人になるのか正解が1つではなくなり，社会全体での一斉儀式が形式的なものになってしまった，と述べています。そして，近代社会は未開拓社会に比べるとより複雑なので，イニシエーションも1回限りではなく，何度か繰り返しながら，大人への階段を上っていくことになります。

　高校生から大学生になって制服を脱いだとき，ちょっと大人になった気がした。成人式のお祝いで両親が嬉しそうに一緒にお酒を飲んでくれた。就活が始まってスーツを着ることになった。そして，入社式を迎えて新社会人になった。

現代のイニシエーションは，キャリアのステージ転換とも言い換えることができそうです。でも，キャリアの転換期には心理的な葛藤が大なり小なり伴います。この点について，理論的な説明をしていきましょう。

▶ブリッジズのトランジション・モデル

　「大学に入学して新しい生活がスタートしたけれど，高校時代の仲間たちとの日々と大学生活をつい比べてしまう。高校のときのほうが，もっと心から笑えていた，もっと同じ目標を見ることができていた。そんな思いを常に抱えていると，大学がつまらないところに見えてくる。なんとなく，自分の居場所が見つからない。」

　こうした感覚を米国の心理学者であるブリッジズ博士（W.Bridges, 1980）の理論で説明すると，「高校時代という，すでに終わってしまった日々に対して，心の中での本当のお別れができていない，中立圏の混乱や葛藤の時期を迎えている」と言えるのです（**図表8－1**参照）。

　キャリアの変化では，新しい物事に目が行きがちなのですが，実は「何かが始まる」ということは「何かが終わる」ことでもあります。この「終焉」を受け入れるのは，慣れ親しんだものであればあるほど，寂しく，別れを自ら告げるのは辛いものです。だからこそ，中立圏で苦悩するのです。中立圏では立ち止まっているかのように思えますが，「きちんと終わらせる」ための大事な時間なのです。ここで，自分にとっての「終わりが何か」をしっかり受け止めることができたとき，「新たな始まりを受け入れる」ことができるようになるのです。これが，現代社会における個々人のイニシエーションなのです。

図表8－1　トランジション・モデル

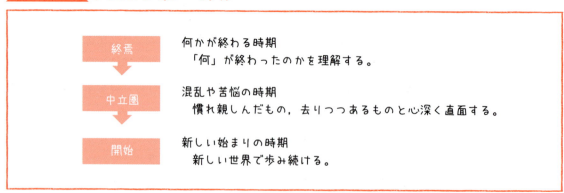

出所：Bridges（1980），金井（2002）p.76をもとに筆者加筆

> **あなたへの質問**
> あなたにとっての「終わり」は何ですか？
> そして，何が「始まり」ますか？
> _____
> _____
> _____

▶ニコルソンのトランジション・サイクル・モデル

　現代社会のイニシエーションは，1回のトランジションで済むものではないと説明しましたが，トランジションが1周するたびに人として成長していくという考えをイギリスの経営学者であるニコルソン博士（N. Nicholson, 1987）は，4段階のサイクル・モデルで示しました（図表8－2参照）。

　第1段階は「準備」です。
　例：就活でエントリーシートを何枚も書き，ビジネスマナーの講習も受けて，学生から社会人へと意識を変えるための準備をする。

　第2段階は「遭遇」です。
　例：いよいよ，社会人1年生になり，新入社員研修が厳しくてカルチャーショックの連続だったが，同期入社の仲間たちと励まし合いながら頑張った。

　第3段階は「順応」です。
　例：先輩にも恵まれてたくさんの経験を積ませてもらったおかげで，この会社の中での仕事の進め方も理解できるようになってきた。

　そして第4段階は「安定」です。
　例：後輩が配属されて自分が指導する立場になり，自分がこの数年間で現在の職場や仕事にすっかり馴染んでいることに改めて気づく。

　こうして，自分の成長を実感していると，チームリーダーに任命されます。リーダーは自分1人で成果を追うのではなくメンバーを支えていく立場なのだと言われ，リーダーシップというものについて考えるようになります。つまり，1周して第1段階に戻ってきた，という状態です。1周が終わると，新社会人という課題は乗り越えており，次のステージではリーダーシップという課題がやってきます。こうして何周もキャリアのらせん階段を上っていくイメージが，ニコルソンのモデルです。
　このサイクル・モデルでは，それぞれの段階で自分が課題とちゃんと向き合って

きたかどうかが次の段階の過ごし方に影響する，という考え方をします。

図表8-2 トランジション・サイクル・モデル

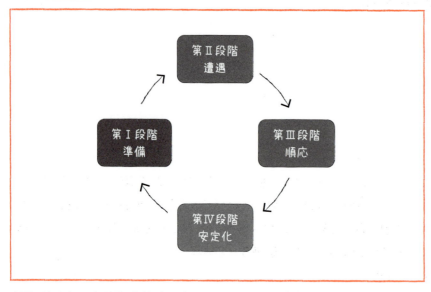

出所：Nicholson（1987），金井（2002）pp.86-87をもとに筆者改変

あなたへの質問
あなたは，いまどの段階にいますか？
このサイクルが1周したら，次のステージには何が待ち受けているでしょう？

3　個人と組織の関係性に関する理論

> 大人になるということは，あいまいさを受け入れる能力をもつということ
> (Maturity is the ability to live with ambiguity.)
> ジークムント・フロイト（Sigmund Freud, 1856-1939，精神分析学者，精神科医）
> 小此木啓吾『フロイト　その自我の軌跡』NHKブックス

　個人と組織（企業）の関係性は，お互いの利害が一致するとは限りません。どちらかといえば，対立，あるいは矛盾することが多く，その狭間でキャリアが揺れ動くこともあります。だからこそ，双方の立場を少し俯瞰的に理解しておくことが重要なのです。

　例えば，みなさんが賃金をもらうとき，安い賃金より高い賃金のほうがいいと思いますよね。でも，消費者の立場では商品は高い価格より安い価格のほうがいいです。もし，労働者の賃金を高くすると，企業の人件費が高くなり，商品の価格が高くなり，お客様が購入しないので，企業は売上が下がります。逆にもし，商品価格を下げるとお客様に購入してもらいやすくなりますが，労働者の賃金も下げることになり，いわゆる「ブラック」な就業環境になってしまいます。

　このように，個人と組織の関係性は複雑なシステムです。個人のキャリアも組織とは微妙な関係にあります。

　個人は「自分の専門性を高めて1つの会社内だけではなく，労働市場での価値が上がるキャリアを築きたい」と思ったとしましょう。そうすると，会社の中で自分が経験したい仕事がないときは，転職して新たなスキルを習得し実力を試すことになります。

　でも，企業側からすれば個人に離職されてしまうと引き継ぎが困るし，その人にこれまで投資してきた教育費用が無駄になるので，辞めさせない工夫をします。伝統的な日本企業では，終身雇用や企業年金といった長期安定の仕事環境を与え，企業の中でさまざまな部門への異動を行うことで一種の社内転職を経験させます。これにより，特定の専門性ではなく，あらゆる部門のことがわかる人材に育てて，企業の成長に合わせて自由に人事異動ができる体制を作ろうとします。

　よって個人は「企業の要望に合わせて異動に対応できる人材になる」ことが目標

になり，組織内での安定したキャリアを手に入れますが，その逆に高度な専門性を身につけることが難しくなります。

　この事例では，前者の「個人が労働市場で価値あるキャリアを築く」という考え方が欧米型，後者の「組織の長期雇用という保証のもとで個人の専門性より組織内異動に備える」という考え方が日本型のキャリア観を示しています。

　ところが，もし日本型の大前提となっている「長期安定」が崩れたらどうなるでしょうか？　企業が個人に対して長期雇用を保証できなくなったとき，個人は他社でも喜んで受け入れてもらえるだけの専門性やスキル（エンプロイアビリティ＝雇用されうる能力）を身につけていない，という事態が発生するのです。そのとき，個人はどうしたらよいのでしょうか？　キャリア形成は誰の責任なのでしょうか？

　ここでは個人と組織のキャリアに関する複雑な関係性に関連した理論を説明します。

▶ エンプロイアビリティ

　日本以外の国々では，転職が一般的に行われます。そうした国々での採用面接の場では，賃金をいくらにするか，という交渉が面接官と応募者のあいだで行われています。個人の業務経験やスキル，実績が高く評価してもらえるものであれば，個人は自信を持って賃金交渉に臨むことができます。日本の学生のみなさんにとっては賃金交渉をするなんて驚きかもしれませんが，逆に日本の新卒一括採用というシステムのほうが諸外国では驚かれています。新卒なので業務経験も実績もないため，基本給が一律となり，採用面接の場で賃金交渉が行われていません。でも，もしあなたが就職して数年が経って転職支援の会社に相談をしたとしたら，そのときに，「あなたの仕事力の相場はいくらですよ」と知らされることになります。そこでは，勤務している会社内だけでの評価ではなく，一般社会の中での市場価値に置き換わっているのです。

　このように，所属会社内だけではなく，一般社会の中で価値の高い仕事ができる人のことを，エンプロイアビリティが高い，といいます。厚生労働省が平成13年に発表した「エンプロイアビリティの判断基準等に関する調査研究報告書」では，エンプロイアビリティを次のように定義しています。

　労働市場価値を含んだ就業能力，つまり，労働市場における能力評価，能力開発目標の基準となる実践的な就業能力であり，具体的には下記のとおりです。

A：職務遂行に必要となる特定の知識・技能などの顕在的なもの
B：協調性，積極的等，職務遂行にあたり，各個人が保持している思考特性や行動特性にかかるもの
C：動機，人柄，性格，信念，価値観等の潜在的な個人的属性に関するもの

エンプロイアビリティは市場価値をもたらすことができる実践的な仕事能力を指します。そこで，就職した会社でどのようにエンプロイアビリティを上げていくのか，という意識を持ちながら仕事をすることが自分自身の生涯を通じたキャリア形成に繋がっていきます。就職してからこそが，キャリア形成の本番，なんですね。

▶組織社会化

すでに言及したとおり，日本の企業で新卒新入社員を大量採用することが，他国の人々には非常に特徴的に見えます。日本のみなさんには「学生時代に黒スーツを着て集団で会社説明会に行く」ことや，「卒業翌年度の4月1日は全国的に入社式がある」ことが当然に思われるかもしれませんが，これは日本的な習慣です。新卒新入社員は仕事経験が全くないので，採用しても即戦力にならない，というのが他国の考え方です。でも，比較的低賃金で同時に大量に採用できること，企業が教育を提供して将来は企業の中心人物になってもらうこと，そして何より「無色透明」の新卒に自社を大好きになってもらい，一生懸命仕事に打ち込んでもらう組織文化を創ろう，という意図が日本企業にはあるのです。

こうして新入社員研修や現場教育は，数週間から数か月にわたって行われます。学生から社会人になるうえで必要な意識やマナーや知識を学習することが目的ですが，この活動を専門用語で「組織社会化」といいます。その定義は，「個人が組織内の役割を引き受けるのに必要な社会的知識や技術を獲得する過程（Van Maanen & Schein, 1979)」とされています。つまり，組織社会化によって「組織の外側」だった学生は「組織の内側」の人間になり，仕事に満足感を感じたり，組織に貢献する意欲を持ったりするとされています。

▶リアリティショック

ところが，必ずしもすべての新入社員が組織社会化をうまく受け入れられるとは限りません。これまで，採用担当者にとって学生は「お客様」だったので，会社の良いところをたくさんアピールしてきたことでしょう。ところが，研修担当者にとって元学生は「新規参入者」なので，会社や業界のことを理解させるためにたくさん

の現実を見せることになります。配属先の先輩も上司もいつも優しいわけではなく，時には注意を促されることもあるでしょう。

　このときに，「あれ，この会社，入社前のイメージとずいぶん違うなぁ」と感じることがあります。これを「リアリティショック」といいます。専門的な定義は，「個人が仕事に就く際の期待・現実感のギャップに由来するもの（Schein, 1978）」とされています。そこで，就職活動中や内定してから入社までの間に，仕事のやりがいと厳しさの画面を理解することも大事です。インターンシップはこうした就職の現実の姿を知る良い機会になりますね。とはいえ，現実の世界を経験するのは入社以降ですので，このリアリティショックを乗り越え，組織社会化が成功すると，個人は組織に馴染んでいくことができます。

▶ 個人と組織の距離感

　ところが，組織社会化は必ずしも良いことばかりではありません。無色透明の学生が完全に会社の色に染まる，それも社員全員が同じ色，となると，同質性が行き過ぎて社内のことしか見えなくなり，会社人間になってしまう可能性も指摘されています。そうすると，個人はその会社の外に出ても評価されるような実力や専門性（エンプロイアビリティ）が何なのか，わからなくなってしまうこともあります。

　組織社会化によって個人は組織内に居場所を感じられるようになります。でも入社前と入社後のギャップが大きいとリアリティショックが起きます。さらに，組織社会化が過剰になると，組織の外に目が向かなくなり，自身のエンプロイアビリティを低下させることにもなりかねないのです。個人と組織のあいだにはそんな難しい距離感があるのが現実です。

あなたへの質問
　あなたが「リアリティショック」の影響を大きく受けないために，学生のあいだにできることは何でしょうか。
　自分自身の「エンプロイアビリティ」を高めるために就職後もできることは何でしょうか。

_____
_____
_____

▶ 適合理論

　新卒一括採用をする日本では研究数が多くないのですが，個人と環境との適合性の高さが就職前後に重要だとする理論があります。個人と環境が適合していると，個人の組織や職務への積極的な態度や行動につながる（Kristof, 1996）とされており，環境には職業や組織といった複数の要素が挙げられています。

　（1）個人－職業適合
　（2）個人－組織適合
　（3）個人－職務適合
　（4）個人－同僚／集団適合
　（5）個人－上司適合

　これらの中でも，「個人－組織適合」と「個人－職務適合」が高まると仕事の満足感や組織への愛着感が増し，辞めたいと思わなくなる，といった効果が確認されています。

　ここで重要なのが，個人側がどのような仕事がやりたいのか，どのような価値観を持っているのか，といった自己理解ができていないと，組織や職務との適合性も判断できない，ということです。就職してから，その会社やその仕事について漠然と「合う」「合わない」と感じることはあるでしょう。でも，できれば就職活動中に自己理解をしておくことで，こうした会社や仕事との適合性を検討することができるのです。

　とはいえ，適合理論も組織社会化と同じく，個人と組織を完全に同一化してしまうと依存的になるなどの問題点も指摘されています。個人はあくまでも自立した存在として，組織との適度な関係性を維持するという姿勢も同時に必要なのでしょう。

▶ プロティアン・キャリア

　若い世代の皆さんを取り巻く社会環境は，今後益々スピードを上げて変化していきます。みなさんのご両親の時代には「常識」だったことが，これからの時代には通用しなくなることもあります。その1つに，組織内キャリア形成の考え方が挙げられます。

　昔は正社員でありながら他の仕事をするという「副業」を禁止する企業がほとんどでしたが，現在では認められつつあります。それは，「長期安定雇用」を企業側が従業員に対して約束しきれない時代になったから，ともいえます。そこで，これ

からの時代のキャリアにはプロティアン（変幻自在）・キャリア（D.T.Hall, 2002）という考え方が参考になります。組織依存的でもなく，独立的でもない，相互依存的な人間関係の中で学び続けることで形成されていくキャリア，というものです。

具体的な例でイメージしてみましょう。伝統的なキャリア形成は会社の中で出世することが成功でしたから「偉くなるために何をするか」を考えて仕事をします。他方，プロティアン・キャリア形成では偉さよりも仕事の価値に重点があるので，「自分がプロフェッショナルとして納得できる成果が出せるか」を考えます。仕事の内容で勝負ができるようになるために，仕事仲間に支えられたり，支えたりといった豊かな人間関係を築き，さまざまな仕事経験を積んで自己成長するキャリア形成を目指します。その結果，会社に依存しなくても精神的に自立した仕事ができるようになります。

図表8－3　伝統的キャリアとプロティアン・キャリアの比較

項目	伝統的キャリア	プロティアン・キャリア
主体者	組織	個人
核となる価値観	昇進，権力	自由，成長
移動の程度	低い	高い
パフォーマンス側面	地位，給料	心理的成功
態度的側面	組織への忠誠を高める 他者からの尊敬	仕事満足感 専門性を高める自分を尊敬できるか
価値観・自己概念の側面	私は何をすべきか	自分は何をしたいのか
環境との適応の側面	組織の中でどこまで生き残ることができるか	他社からも求められる人材になれるか

出所：Hall（2002），渡辺（2007）邦訳をもとに大学生向けに筆者改変

第8章 キャリアの理論

> **あなたへの質問**
> 仕事環境が変化していく中にあっても、自分らしいキャリアを歩んでいくために何が大事だと思いますか？
> _____
> _____
> _____

4　キャリア構築に関する理論

> 生きること（人生）は自分探しなどではなくて、自分創りにかかわっている
> (Life isn't about finding yourself. Life is about creating yourself.)
> バーナード・ショー（George Bernard Shaw, 1856-1950, 文学者）

　就職した後も、みなさんはキャリアを積み重ねていきます。キャリアを人生と読み替えることもできますので、自分の生き方、生き様を遠い先々まで展望することは難しいかもしれませんし、変化の激しい時代におけるキャリア形成は予測不可能だとこれまでも言及してきました。でも、そうはいっても人生は有限なのです。そこで、「キャリア構築に関する理論」を参考にして、生涯にわたるキャリアを少しイメージしてみましょう。そのうえで、これからの時代のキャリア構築あり方についてぜひ考えてみてください。

▶ライフ・キャリア・レインボー

　キャリアの定義には「生涯を通して」という考えが含まれています。この考えを**図表8－4**のように示したものが、アメリカの臨床心理学者であるスーパー博士（D.E. Super）によるライフ・キャリア・レインボーです。人生を日の出から日没のように半円の軸で生活段階と年齢を示し、さらにそれぞれの年齢での役割を重ね合わせて表現しています。

　みなさんは20歳前後ですから、人生の虹の中での役割の多くが「学生」と「子供」

ですね。では，ご両親の年代である55歳を見てみましょう。「家庭人」では親としての役割を，「労働者」では会社内で管理職として重責を担い，「市民」では税金義務を果たし地域貢献もする。「子供」が急に増えているのは，年老いてきた親への支援が必要になってくるからです。大人になるとたくさんの重い役割を背負っていることがわかりますね。

　こうしてすべての年代を図にしてみると，みなさんの将来のキャリア形成で担うであろう役割についてもイメージできるのではないでしょうか。

　また，私たちは複数の役割を同時に担っているので，それらは影響し合います。出産を契機に「家庭人」の比率を高めるために「労働者」の役割を軽減する，管理職になって「労働者」の責任が重くなるからこそ社会人大学院で勉強し直すために「学生」になる，などです。私たちのキャリアは，こうして人生の変化に合わせて一生涯を通じて自己成長をしていきます。

▶ 図表8－4　ライフ・キャリア・レインボー

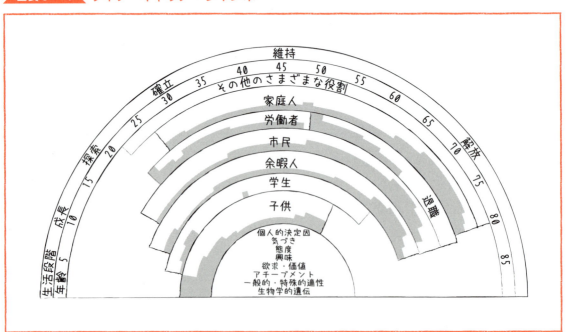

出所：Nevill & Super（1986），渡辺（2007）p.37

▶ 職業的発達段階

　前出のスーパー博士は，ライフ・キャリア・レインボーの生活段階における発達課題を階段のように示す図を描きました（**図表8－5**）。発達課題というのは，そ

第8章 キャリアの理論

れを乗り越えることができたら成長できる，という人生のチャレンジのようなものです。図で「移行」と書いてある部分は，段階を進むときは一直線ではなく色々な葛藤やチャレンジを経ての成長であることを示しています。

こうしてみると，大学生から社会人初期は探索段階から確立段階への移行期になります。ここでの発達課題は「職業的好みが特定される」「職業的好みを実行に移す」「現実的な自己概念（自分らしさ）を発達させ，より多くの機会について学ぶ」というものです。大学生の間にインターンシップなどを経験して自分の職業の方向性を定め，就職活動を行い，新入社員研修を経てさまざまな仕事にチャレンジをしながら，みなさんはキャリアを次のステージである確立段階へと進めていくのです。

図表8-5 職業的発達段階

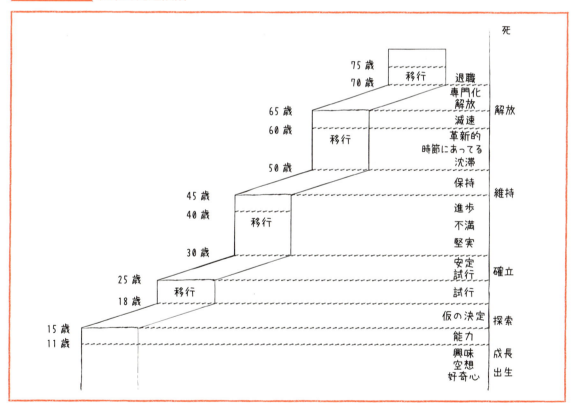

出所：Super（1985），渡辺（2007）p.40

▶組織内キャリアの3次元

さて，これまでは人生全体のキャリアを見てきましたが，組織内での仕事キャリアのイメージを見ていきましょう。第2章のキャリア・アンカーでも紹介したシャ

イン博士は，組織内での外的キャリアの3つの次元を**図表8－6**のように円錐形で示しました。

　まず，底辺の一般社員層を見てください。組織の中には，研究開発，販売，製造，マーケティングなどたくさんの部門があり，それぞれの担当者が専門的な仕事をしています。これを職能といいます。日本企業では，人事異動によって複数の部門経験をさせて職能の幅を広げさせようと考えるので，円の守備範囲を広げるキャリア形成だといえます。

　この職能には，円の外側から内側に向かう動きがありますが，これはその職能の経験を積むことによって専門性を高め，より高度で重要な情報を扱い，その職能グループ内での中心的な役割を果たすようになることを示しています。欧米では人事異動は珍しく，自分の専門性を磨くことを意識しますので，円の中心に向かっていくキャリア形成だといえます。

　縦軸の上に向かう動きは階層の上位に行くことですので，管理職として人々の上に立つ，いわゆる「偉くなる」キャリア形成です。日本では組織内で長く勤務してさまざまな職能を経験した人が管理職に昇格する傾向がありますが，欧米では管理職はマネジメントのプロフェッショナルという認識から管理能力の高い人を中途採用することもよくあります。

　このように，組織内でのキャリア形成もルートは1つだけではないので，中長期的な目線を持つことも重要ですね。

図表8-6 組織内でのキャリアの3次元モデル

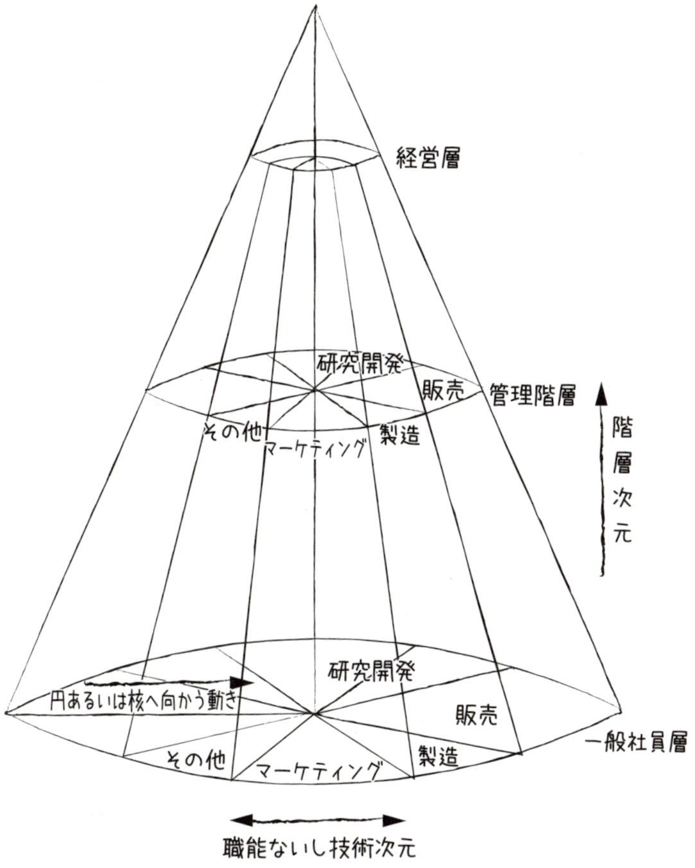

（図：円錐モデル。頂点「経営層」、中段「管理階層」に研究開発・販売・製造・マーケティング・その他、底面「一般社員層」に研究開発・販売・製造・マーケティング・その他。縦軸「階層次元」、横軸「職能ないし技術次元」、底面の矢印「円あるいは核へ向かう動き」）

出所：Schein（1978），渡辺（2007）p.115

▶ プランド・ハプンスタンス・アプローチ

　プランド・ハプンスタンス・アプローチとは，偶然をうまく活用してチャンスをつかみ，自分のキャリア形成につなげる，という考え方です。アメリカでキャリアを成功させた働く人を対象とした研究分析の結果，8割が「現在の自分のキャリアは偶然によるもの」と答えたことをもとに，アメリカの心理学者であるクランボルツ博士（J. D. Krumboltz, 1999）はキャリア形成の重要な要素に「偶然＝ハプン」取り入れたのです。

　これまでは中長期的に計画を立てて，などといわれてきたキャリア・デザインですが，「キャリア・ドリフト」することもたくさんあるし，何より技術革新によって将来消滅する仕事だって発生するという現代においては，詳細な計画など立てず，

来たもの拒まずに偶然を活かしてキャリア形成をしましょう，という自然体の考え方は学生のみなさんにとっては気持ちが楽になるかもしれませんね。

　ただし，この偶然は「計画された＝プランド」という点がポイントです。棚からぼたもち，というように自分が何もしないでいても幸運が落ちてくるというわけではありません。まず，将来を決定していない今の自分は，オープンマインドな状態であり，どのような選択肢も自分で選べるのだ，と考えることです。そして想定外の出来事があっても，それに振り回されるのではなく，主体的に行動して新しいチャンスを切り開くことで，偶然を幸運に変えるのです。

　ということは，好奇心を持って新しいことにチャレンジする姿勢が重要ですね。もちろん失敗もあるでしょう。でも失敗することで新たに学べることがたくさんありますから，ちょっとしたリスクなら引き受ける覚悟も必要です。失敗したときも「もう自分はダメだ」とネガティブな状態に留まるのではなく，「どうすればもっと良くなるか」というポジティブな側面に集中すれば難局も切り拓けます。そのためには「～でなければならない」といった固定観念を捨てて「これできるかな？」「あれもありかな？」とより柔軟に物事を捉え，粘り強くやり通す。こうした態度や姿勢によって，偶然を味方につけることができるのです。

あなたへの質問
　キャリアを長く，広い視野で見ることによって，これからの時代のキャリア構築をあなたはどのように考えますか？

5　モチベーションと学習に関する理論

> 仕事とは自分の能力や興味，価値観を表現するものである。
> そうでなければ，仕事は退屈で無意味なものになってしまう。
> 　　ドナルド・E・スーパー　（D.E. Super, 1910-1994, 臨床心理学者）

最後は，「モチベーションと学習に関する理論」です。厳密にはキャリア理論ではありませんが，モチベーションとキャリアは密接に関係しています。自分のモチベーションを自分で上げて仕事ができれば，その仕事には自分の魂が込められます。そしてその仕事経験を通して，新たなことを学び，それが新たなキャリアを成長させていく，という循環を作ることができます。

▶動機づけ要因と衛生要因

アルバイトを経験している方に伺いますが，賃金に満足をしていますか？ 低賃金重労働，と愚痴をこぼしたことはないでしょうか？ では，賃金が上がったら二度と文句を言わなくなりますか？ きっとそんなことはなくて，数か月もすればまた不満足になります。

賃金や上司との人間関係は不満足の要因として挙げられますが，それらの問題が解消しても一時的で，しかも「よし，頑張ろう」という強い動機づけにはあまり効果がありません。こうした不満足となる原因のことを「衛生要因」とアメリカの心理学者ハースバーグ博士（F. Herzberg）は名付けました。

それでは，そのアルバイト先でお客様から「あなたはいい仕事をするわね，ありがとう」と褒められたらどうでしょう？「よし，今度はもっといい仕事をして喜んでもらおう」とモチベーションが上がりますよね。こうした達成感や他者からの承認が「動機づけ要因」となるのです。**図表8-7**にはこうした衛生要因と動機づけ要因が示されています。

最もモチベーションに影響を与えるとされる達成感を得るためには，「笑顔を絶やさない」とか「今日は何人のお客様に声を掛ける」などの目標を自ら設定し，それらをクリアしてゆくことで自分自身を動機づけることができます。また，自分の仕事が誰の役に立っているのか，どのような価値があるのかを見い出したり，最後まで責任感を持って自立的に仕事をしたりすることで，自らのモチベーションを上げることが可能です。

モチベーションを誰かに上げてもらうのを受け身で待っているだけでは，愚痴や不満が増えてしまいますので，自分からモチベーションを上げる工夫をしてみましょう。

図表8-7 動機づけ要因と衛生要因

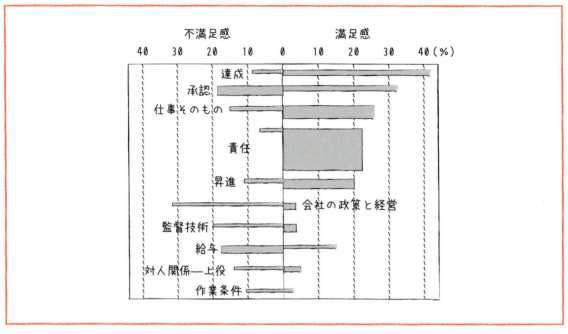

注：各箱の上下幅は，広いほど満足感を持続させやすいことを示します。
出所：Herzberg (1959) をもとに上林ら (2010) が一部改変, p.45

▶ 欲求階層説

「自己実現」という言葉は有名なので，ご存知の方も多いでしょう。アメリカの心理学者であるマズロー博士（A. H. Maslow）は，人間の欲求の階層を5段階に分類し，次元の低いところが満たされると次の高いところへと段階的に欲求レベルが上がると主張しました。理論としては未確立とされているので，説，という位置づけですが示唆に富む考え方ですのでご紹介します。

1番低次の欲求は生理的欲求で，衣食住や生理的肉体的欲求を満たしたい，というものです。大学の授業に休憩時間が一切なかったら，トイレに行きたくて授業に集中できませんよね。

2番目は安全欲求で，身体的，精神的な安全や安定を求めるというものです。授業中に非常ベルが鳴っても避難せずに授業を続ける，というわけにはいきません。

3番目に相当するのが社会的欲求で，仲間や家族といった人間関係の中での自分の居場所を求めるものです。慣れ親しんだ高校を卒業し，大学に入学した当初は授業より友達作りやサークル探しのほうに気を取られていませんでしたか？

4番目が自我欲求といい，他者から尊重や承認をされたい，という欲求です。SNSで友達からの「いいね」の数が多いと嬉しくなるのも，この自我欲求のあら

われかもしれません。

　5番目，つまり最も高次の欲求が自己実現です。自分が限りなく成長したい，自分の理想に近づこうとする，そうした欲求であり，ここには上限がないので永遠に追い続けるとされています。

　仕事は何のためにするのですか？　という問いに対して，「生活のため」と答えれば生理的・安全欲求を，「会社組織に所属していたいため」と答えれば社会的欲求を，「称賛を受けるため」と答えれば自我欲求を，そして「自分にしかできない仕事を通して社会に価値をもたらすため」と答えれば自己実現欲求を表しているといえます。高次に行くほど，モチベーションは自分の内側から発生してくることになります。さて，あなたは何のために仕事をするのでしょう？

▶学習サイクル理論

　私たちは日々，様々な経験を積み重ねています。これらの経験を振り返り，そこから何を得られたのかを考えて次の経験に備えることを，アメリカの組織行動学者のコルブ博士は経験学習サイクルとして**図表8-8**のように示しました。

　たとえば，インターンシップに参加しようかと迷っている学生がいたら，筆者はまずは経験をしてみよう，とよく声を掛けています。インターンシップ先では，他大学の学生とのグループディスカッションがあったり，経験したことのないような仕事を与えてくれることもあります。そうした経験は，時には驚きだったり，楽しさだったり，あるいは自分には合わない，といった何かの感覚をもたらしてくれます。でも，それだけで終わってはもったいないのです。

　ここで「振り返る」のです。「グループディスカッションでは話し過ぎちゃったな」とか「販売の仕事って数値目標があるから燃えるな」など，そこで感じたことを一度書き出してみましょう。

　そして，そこから「何を学べたのか考える」のです。「他の人の話をうまく引き出すほうがグループディスカッションはうまくリードできる」や「数値目標を達成するには創意工夫が必要だ」といったことがわかってきます。

　これらは自分の中で教訓として生きているので，次のインターンシップや就活で直面する新しい状況に大いに役立ってきます。経験をただの経験で終わらせない，それを自分の成長に繋げるということができるようになると，新しい経験をすることが怖くなくなります。少しの失敗はたくさんの学びになります。ぜひ，さまざまなことにチャレンジをしてみましょう。

図表8-8 経験学習サイクル

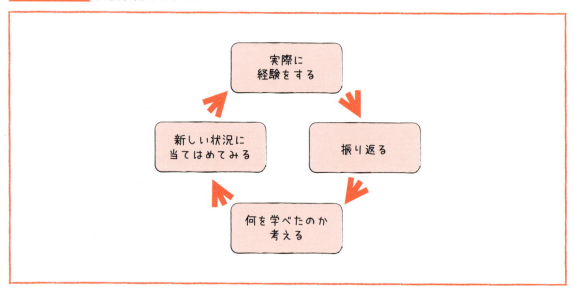

出所：Kolb（1984）をもとに大学生がわかりやすいように筆者が翻訳

あなたへの質問
大学生活のモチベーションを自分で上げてみましょう。
大学生活での経験から学んだことは何ですか？

参考文献

- 金井壽宏（2002）『働くひとのためのキャリア・デザイン』PHP新書
- 金井壽宏，鈴木竜太編著（2013）『日本のキャリア研究—組織人のキャリア・ダイナミクス』白桃書房
- 河合隼雄，河合俊雄編（2014）『大人になることのむずかしさ』岩波現代文庫
- ウィリアム・ブリッジズ著　倉光修・小林哲郎訳（2014）『「トランジション—人生の転機を活かすために」』パンローリング
- 渡辺三枝子編著（2007）『新版　キャリアの心理学　キャリア支援への発達的アプローチ』ナカニシヤ出版

- J.D.クランボルツ，A.S.レヴィン著　花田光世，大木紀子，宮地夕紀子訳（2005）『その幸運は偶然ではないんです！　夢の仕事をつかむ心の練習問題』ダイヤモンド社
- 戸田智弘（2007）『働く理由　99の名言に学ぶシゴト論。』ディスカヴァー・トゥエンティワン
- 全米キャリア発達学会著　仙﨑武・下村英雄編訳（2013）『D・E・スーパーの生涯と理論』図書文化社
- 上林憲雄，厨子直之，森田雅也（2010）『経験から学ぶ人的資源管理』有斐閣ブックス
- 松尾睦（2011）『職場が生きる人が育つ「経験学習」入門』ダイヤモンド社
- 小此木啓吾（1973）『フロイト　その自我の軌跡』NHKブックス
- Kristof, A. L. (1996) "Person-organization fit: An integrative review of its conceptualizations, measurement, and implications," *Personnel Psychology,* Vol.49, No.1, pp.1-49.

さくいん

英

- A-B-C-D理論（論理療法）……… 44, 45
- DISC ……… 28
- KJ法 ……… 96, 101, 124
- PEST ……… 133
- VPI（職業興味検査）……… 30

あ

- 愛情欲求 ……… 47
- アイスブレイク ……… 90
- アイデア ……… 92
- アクティブ・ラーニング手法 ……… 103
- アサーション ……… 53
- アサーティブ ……… 36, 41, 43, 44, 110
- 安全欲求 ……… 158
- 移行 ……… 153
- 依存 ……… 150
- 異動 ……… 145
- イニシエーション（通過儀礼）……… 141
- 意味づけ ……… 140
- インターンシップ ……… 153, 159
- 衛生要因 ……… 157
- エンプロイアビリティ ……… 146, 147, 148
- 欧米型（のキャリア観）……… 146
- オープン・クエスチョン ……… 96, 97

か

- 外在的職務満足 ……… 125
- 会社人間 ……… 148
- 階層 ……… 154
- 外的キャリア ……… 4, 25
- 外部環境 ……… 133, 134
- 開放の窓 ……… 15, 15
- 拡散 ……… 90, 91
- 学生 ……… 151
- 価値観 ……… 4, 5, 7, 10
- 学校から仕事・社会への移行 ……… 57
- 葛藤 ……… 142
- 家庭人 ……… 152
- 株式会社 ……… 64
- 環境分析 ……… 133
- 完璧主義 ……… 47
- キャリア ……… 1
- キャリア・アップ ……… 2
- キャリア・アンカー ……… 21, 24, 25, 153
- キャリア・デザイン ……… 138
- キャリア・ドリフト ……… 138, 155
- キャリア官僚 ……… 2
- キャリアの語源 ……… 2
- キャリアの定義 ……… 2
- 業界 ……… 131, 133, 134
- 共感的理解 ……… 93, 94, 95
- 偶然（ハプン）……… 155
- クローズド・クエスチョン ……… 96, 97
- グローバル化 ……… 78
- グローバル化の3段階 ……… 78
- グローバルに統合・連携された企業の時代 ……… 79
- 経営戦略 ……… 60, 70
- 経営ビジョン ……… 60
- 経営理念 ……… 57, 58
- 経験学習 ……… 159
- 経済成長率 ……… 76
- 傾聴 ……… 17, 37, 53, 93
- 傾聴のスキル ……… 95
- 合意形成 ……… 108
- 攻撃的 ……… 36, 37, 41, 43, 44
- 肯定的フィードバック ……… 17, 18
- 顧客満足 ……… 124, 125
- 国際化企業の時代 ……… 78
- 心のレンズ ……… 94
- 子供 ……… 152
- コンセンサス ……… 107, 108, 111

さ

- サークル型 …… 99
- 採用面接 …… 146
- 「作業」と「仕事」 …… 65
- 雑用 …… 66
- 自我欲求 …… 158
- 時間の柔軟性 …… 86
- 自己開示 …… 17, 18
- 自己概念 …… 22, 23
- 自己肯定 …… 17
- 自己実現 …… 158, 159
- 自己否定 …… 17
- 自己表現 …… 37
- 自己理解 …… 149
- 市場価値 …… 146
- 市民 …… 152
- 社会人基礎力 …… 72, 103, 119
- 社会人としての意識 …… 120
- 社会的欲求 …… 158
- 終焉 …… 142
- 従業員満足 …… 124, 125
- 就職活動 …… 120
- 終身雇用 …… 145
- 収束 …… 90, 91
- 「就社」活動 …… 120
- 出世 …… 150
- 生涯発達 …… 140
- 職業興味 …… 30
- 職業能力評価基準 …… 127
- 職能 …… 154
- 職務 …… 126
- 職務満足 …… 125, 126
- ジョハリの窓 …… 14
- 人口の推移 …… 75
- 人事評価 …… 69, 70, 73
- 人生の節目 …… 139
- 人生100年時代の働き方 …… 85
- 新卒一括採用 …… 146, 149
- 新卒新入社員 …… 147
- 新入社員研修 …… 147
- スクライバー …… 90, 91, 116
- ステークホルダー …… 63
- 生理的欲求 …… 158
- 戦術 …… 61
- 早期離職 …… 67
- 相互依存的 …… 150
- 組織階層化 …… 122
- 組織社会化 …… 147
- 組織文化 …… 147

た

- タイムキーパー …… 90, 116
- 多国籍化企業の時代 …… 79
- 他者肯定 …… 17
- 他者否定 …… 17
- 他者評価 …… 72
- 多様で柔軟な働き方 …… 85
- チーム …… 105
- 中立圏 …… 142
- 長期安定雇用 …… 149
- 長期雇用 …… 146
- 賃金 …… 157
- 賃金交渉 …… 146
- 適合 …… 149
- 適合理論 …… 149
- 同一化 …… 149
- 動機づけ …… 70
- 動機づけ要因 …… 157
- 同質性 …… 148
- トランジション・サイクル・モデル …… 143
- トランジション・モデル …… 142
- ドリフト …… 139

な

- 内在的職務満足 …… 125, 126
- 内的キャリア …… 4, 5, 6, 7, 9, 11, 25, 126, 139
- 日本型のキャリア観 …… 146

は

- 場所の柔軟性 …… 87
- 発達課題 …… 115, 152, 153

発達段階……………………………………114	未知の窓……………………………………15
反証………………………………44, 45, 46, 48	メンター………………………49, 50, 53, 140
非合理的な思い込み……………………46, 53	メンタリング………………………………49
非主張的………………………36, 37, 41, 43, 44	盲点の窓……………………………………15
秘密の窓……………………………………15	目標………………………………………157
ファシリテーター……………90, 96, 110, 116	目標管理制度………………………………70
不安に対するコントロール………………48	モチベーション…………………………157
深く聴く……………………………………94	**や**
俯瞰的………………………………………52	
副業………………………………………149	要注意な企業………………………………83
部門………………………………………126	欲求不満……………………………………47
ブラック企業………………………………82	**ら**
プランド・ハプンスタンス・アプローチ……155	
振り返る…………………………………159	ライフライン………………………………52
ブレイン・ストーミング…………………92	ライフライン・チャート……………7, 10
フレームワーク……………………………99	リアリティショック…………………147, 148
プレゼンター…………………………90, 116	倫理的………………………………………47
プロティアン・キャリア………………149	レジリエンス………………………………52
分業化……………………………………122	レジリエンス力……………………………54
ポジティブ……………………………53, 156	労働市場…………………………………145
ま	労働者……………………………………152
	ロジックツリー型………………………100
マインドマップ……………………………19	**わ**
マトリックス型……………………………99	
ミスマッチ…………………………………30	我が信条……………………………………61

●著者紹介

山﨑 京子（やまざき きょうこ）
　立教大学大学院ビジネスデザイン研究科特任教授。
　日本人材マネジメント協会副理事長。JICA日本センター現地経営者指導専門家，人事コンサルタント。
　ロイター・ジャパン，日本ゼネラルモーターズ，エルメスジャポンにて人材開発担当，学習院大学経済学部経営学科特別客員教授を経て，現職。
　筑波大学大学院ビジネス科学研究科修了，神戸大学大学院経営学研究科マネジメント・システム専攻博士課程修了。博士（経営学）。
　担当章：第2章，第3章，第4章（第4節），第6章，第7章，第8章。

平林 正樹（ひらばやし まさき）
　順天堂大学国際教養学部特任教授。
　コンピューター専門のリース会社から日本IBMに入社し，営業部門，人事部門などを経て，現職。
　法政大学大学院経営学研究科キャリアデザイン学専攻修了。
　担当章：第1章，第4章（第1〜3節），第5章。

未来を拓く
キャリア・デザイン講座

2018年9月10日　第1版第1刷発行
2025年1月30日　第1版第17刷発行

著　者　山　﨑　京　子
　　　　平　林　正　樹
発行者　山　本　　　継
発行所　㈱中央経済社
発売元　㈱中央経済グループ
　　　　　パブリッシング

〒101-0051　東京都千代田区神田神保町1-35
電話　03 (3293) 3371 (編集代表)
　　　03 (3293) 3381 (営業代表)
https://www.chuokeizai.co.jp
印　刷／文唱堂印刷㈱
製　本／誠製本㈱

© 2018
Printed in Japan

＊頁の「欠落」や「順序違い」などがありましたらお取り替えいたしますので発売元までご送付ください。(送料小社負担)

ISBN978-4-502-27141-0　C3034

JCOPY〈出版者著作権管理機構委託出版物〉本書を無断で複写複製（コピー）することは，著作権法上の例外を除き，禁じられています。本書をコピーされる場合は事前に出版者著作権管理機構（JCOPY）の許諾を受けてください。
JCOPY〈https://www.jcopy.or.jp　eメール：info@jcopy.or.jp〉

ベーシック＋プラス
Basic Plus

いま新しい時代を切り開く基礎力と応用力を
兼ね備えた人材が求められています。
このシリーズは，各学問分野の基本的な知識や
標準的な考え方を学ぶことにプラスして，
一人ひとりが主体的に思考し，行動できるような
「学び」をサポートしています。

Let's START!
学びにプラス！
成長にプラス！
ベーシック＋で
はじめよう！

中央経済社